気にしない練習：
不安・怒り・煩悩を
"放念"するヒント

有些事
不必在意

Hogen Natori

名取芳彦

悦知文化

改頭換面當個「不在意的人」

要求一個記得所有事的人「忘了吧」只是強求，同樣地，要求一個在意的人「別在意」也是同樣殘忍。

會介意就是真的很介意，當事人也無能為力。

聽到別人叫他們別介意時，他們頂多只是體認到：「原來不是每個人都會在意這種事情。」其中有些人還會惱羞成怒，罵道：「你根本就不懂我在意的點，說什麼風涼話！」

本書將介紹我自己，以及我遇到的人們在意各種大小事的具體例子，並站在佛教的角度上告訴各位怎麼做才能夠不在意。

我們一般人有個習慣，就是在人生諸多場合，往往會像攝影師一樣，只會擷取部分印象深刻的場景。

舉例來說，運動會賽跑的拍攝主角要選什麼？起跑前緊張不已的孩子？全力衝刺的孩子？第一個跑過終點線的孩子？輸給第

一名、不甘落敗的孩子？熱情替選手加油的孩子？

現場有諸如此類的各種拍攝主角，哪個能夠闖進自己心中的相機，因人而異。

在這種情況下，有人是朝沒必要拍下的對象按下快門，烙印在心上。

這種人在內心烙印下悲慘的場景，拍下憤怒的自己，在受到屈辱時按下快門，持續憤世嫉俗。在乎著一幀自己過去曾經幸福的截圖，並感嘆如今的不幸。

他們就像這樣，把不該放在心上的事物留在心頭，當成在意的事情。

人生在世，有些畫面值得留在記憶裡，也有些場景不需要選擇拍下。

換句話說，有些事情應該在意、最好要放在心上，相反地也有些事情不需要在意、不應該放在心上。

應該放在心上的，是能夠提昇自我、使他人安心的事情。例如「這樣做能夠幫助自己走向更好的方向」、「這樣做能夠減輕那個人的負擔」等。

有可能改善現狀，往好的層面發展的話，就應該要在意。

不應該放在心上的，是即使在意也無法提昇自我的事情，或是害自己變可悲的事情。還有單憑自己也無力轉圜的事情，也不應該放在心上。

我們往往在意無須在意或不該在意的事情，反而忽略了必須在意與應該在意的事情。

這就像在某個狀況下選擇了錯誤的拍攝對象一樣。

本書將介紹的是，**如何以另一個角度觀看事物，換掉烙印在心上的錯誤對象。以及在今後面臨的各種場合中，應該把焦點擺在哪些事物上比較好。**

期許本書提供的線索，能夠幫助「在意」的人改頭換面，擺脫潮濕的陰雨世界，每天過著晴空萬里、內心平靜的生活，當個「不在意」的人。

名取芳彥

目錄 CONTENTS

第2章　那是你「想太多」

第 **3** 章　　**憂鬱時，轉念這樣想**

第 **4** 章　**不比較，不苛責，乾脆放下**

第 5 章　讓人生變簡單的提示

第6章 珍惜「此刻」「在這裡」的人生

1

有些事
　不必在意

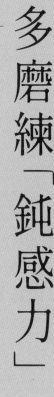

第 1 章 ————————————

多磨練「鈍感力」

你不用「當好人」

佛教沒有要求大家「成為好人」，這是與道德不同的地方。那麼佛教的主張是什麼呢？

我認為佛教是在說：「**無論何時、無論發生什麼事，都要保持內心平靜！**」

想達到平靜境界的心，稱為菩提心。佛教以菩提心為基礎，利用「戒」講述具體的生活方法。

一般我們常聽到「戒律」這個詞，「戒」與「律」看似相同，實則不然。「戒」是自主性的，是「我想遵守」的項目，因此就算「破戒」，也不會受到任何人的懲罰。同理，假如你決定要減肥卻大吃特吃，也不會受到責難。

反觀「律」則有強制力，因此才會有「法律」一詞，一旦「違律」就會受到外來的懲罰。只要你隸屬一個組織，就不能說「我討厭這項規定」，違律會被逐出組織或鋃鐺入獄。

佛教有律，也有逐出僧團（稱為遷單）的規定，但這些僅用

來約束隸屬組織的和尚，並不適用於一般人。

我們繼續回頭談內心平靜。對於介意瑣事、無法在生活中保持內心平靜的人，佛教提出十善戒（也稱十善業道），內容是「於十惡行所依止之處，遠離故而發起之業道」。十惡行包括殺生、偷盜（包含時間）、邪淫（男女苟且）、妄語（說謊）、兩舌（道是非、挑撥離間）、惡口（粗言）、綺語（花言巧語奉承）、貪欲（眼紅他人財物）、瞋恚（怨恨憎惡他人）、邪見（錯誤的了解）這十種。佛教並不積極鼓吹「我們來做○○以保內心平靜吧！」，反而主張「不做○○也無妨」。

只要盡自己的力量遠離壞事，就已足夠。

也可以說「只要不去做壞事，你就是好人」，但佛教的教誨不是為了教你成為「好人」，而是為了讓你內心平靜。

從小被教導「要當好孩子」的人，有些進入叛逆期就會變成（假裝成）壞孩子。然而，不管是好孩子或壞孩子，都是因受到外在評價影響而或喜或憂，內心才無法保持平靜。

因此，**遠離好人與壞人的價值觀，以內心平靜的生活方式為目標的話，人生一下子就會增加許多風和日麗的美好日子。**

002

人生是教會我們「隨便」的老師

有人說：「這個行李要放在哪裡？」另一人回答：「隨便放就好。」

這裡的「隨便放」並不是「任何地方都行」。這句回答的意思是「請你根據自己的判斷，放在適合的場所」。對方的用意是「交由你自行判斷」，因此站在某些立場來說，反而是責任重大，而懂得這件事責任重大的人，就會被評價為「這傢伙是可造之材」。

有人問你：「你要出去嗎？要去哪？」最適宜的回答是：「出去走走。」凡事認真的人或許會感到不悅，認為：「你這不是有答跟沒答一樣嗎？」但還不至於到發脾氣的程度。畢竟他也不是真的想知道你要去哪裡，只是很高興你看起來很健康而隨口問候罷了，所以回答「出去走走」也就足夠。這種溝通交流方式很溫暖，可是在公司裡萬萬不可以這樣做。

我們換個話題，聊聊日光東照宮的陽明門吧。一般建築物的柱子紋路與樹木生長一樣，是由下往上，但這裡的眾多柱子之中，卻僅僅有一根的紋路是上下顛倒的。而這也是觀光客造訪時，導遊必定會介紹的景點。

　　導遊解釋：「柱子如果太過完美，邪物就會進入，所以故意這樣安排。」換言之，若凡事太過完美，定然物極必反，反而開始走下坡。

　　很多人事物因過於完美，毫無破綻，一旦崩塌就瞬間全毀。由此可見，一定程度的「隨便」反而強大，也正因為強大，才能夠「隨便」。

　　馬戲團的小丑老是在場上搗蛋瞎搞逗笑觀眾，但據說能夠這樣做的，必須是臺上最資深的演員。他們最清楚哪些特技有危險，所以才能夠成為特技表演的配角。

　　「隨便」有兩層意思，一層是不認真、不負責、不嚴謹；另外一層是不過度、恰到好處。一個不認真不負責的人假如很隨便，旁人必定會為之愕然；相反地，一個腳踏實地的人如果懂得隨便，那叫做優秀。

　　什麼時候可以隨便、什麼場合不可以隨便？

　　人生就是一位耗費很長一段時間，教導我們「隨便」之道的老師。

003

別人怎麼看你是「別人的問題」

拜訪寺院時，各位最想了解的就是香油錢的行情吧。每當信徒問我：「該捐多少？」時，我的回答之一就是：「這不該問我。不然如果我說一百萬你怎麼辦？隨喜就好。」

同樣的，與人往來時，人們總是想要知道對方的感受。當有人問我：「你對我怎麼想？」時，我也只會笑著給出相同的答案：「不要問這種事情，對你比較好。不然如果我說討厭你，你怎麼辦？」

姑且不提交往對象或靠人氣賺錢的藝人，即使只是一般往來的交情，也有人極度在意別人對自己的看法。原因仔細想來，大概是因為不想給人負面印象。

沒有人希望自己被討厭，問題是，**別人對我們有什麼看法，那是別人的問題，我們無法操控別人的心。**

有些人想要操控別人的心，所以做出不必要的阿諛諂媚，或過度說笑，展現自己很可愛、很幽默的一面。勉強成為「好孩

子」，結果累到的是自己。

我到中學為止也是如此。除了課業之外，沒有特別該做的事、也沒有特別想做的事，對於這樣的少年來說，唯一的人生意義或許就是成為好人、有趣的人。

等我長大並找到有價值的生存方式，也就是出家當和尚之後，便不再努力避免別人討厭我，也不再努力讓人喜歡我。比起在意其他人的批評，從自己做的事情中得到成就感更為重要。

也多虧如此，我幾乎不再在意別人怎麼想我。

當然，我還是多少能夠察覺別人對我的想法，但頂多是「不討厭」、「不欣賞」的程度而已，沒有扯花瓣占卜對方究竟是喜歡我或討厭我。

只曉得用「二元論」——不討厭就是喜歡，不喜歡就是討厭——這種非黑即白的二元論觀點思考的話，會陷入不知變通的人生觀。

假如你還是十分好奇別人對自己的看法，不如請先找出自己想做的事並把心力放在上面。

004

別聽信「大家都這樣說」

我本來也是很介意別人評論的人，得到稱讚就歡欣鼓舞，遭受批評就坐立不安、行事畏縮，甚至還會莫名其妙去懇求家人朋友：「誇誇我吧，就算是騙我也好，日本不是有句俗話說：『誇豬豬上樹，誇和尚和尚跳舞』』嗎？」

我的朋友之中有位自稱「包打聽」的人物，他會到處打電話、寫電子郵件，聊各種話題、收集資訊，也沒什麼了不起的分析，就到處告訴別人自己的「真知灼見」。

這個人不壞，只是讓人有點困擾，他常說的話就是「大家都這樣說」。

一聽到他稱讚：「大家都說你上次那場演講很有意思。」我就會樂得昇天，然而一旦他批評：「大家都說你上個月的部落格內容有點太偏頗。」我就會變得行事畏縮，甚至可悲到連忙重新編輯或刪除那篇部落格文章。

直到某天我想起「人言可畏」這句話，態度開始轉為謹慎，

同時也向其他朋友打聽，沒想到朋友回答我：「原來有那種事啊，據我所知沒人說過那種話。」

於是我漸漸注意到「包打聽」那句「大家都這樣說」的「大家」，不是指「所有人」。

後來的某一天，我一聽到「包打聽」說：「大家都很稱讚喔。」便回道：「你說的大家，具體來說有誰？」他說：「○○和××提過。」我反問：「只有兩個人？」他又說：「既然有兩個人這樣說，應該代表還有其他很多人也這麼想。」

我難以置信自己居然被這麼無聊的一句話玩弄於掌心。順帶一提，「大家都這樣說」的大家，似乎頂多只有三人。

不管是大家都說還是只有一個人這樣說，我都希望各位聽該聽的意見就好。從那之後，我就不在乎「大家都這樣說」了。

也幸虧如此，內心平靜的日子愈來愈多。

事實上，我更希望各位注意的是說「大家都這樣說」這句話的人。

用不著自詡為「包打聽」，佯裝代表眾人發言，也用不著為了逃避責任，假裝「不是只有我這麼說」，更用不著拖大家下水，來支持自己的主張。

---

1 原文僅前半句：「豚もおだてりゃ木に登る」。此俗語據傳最早在一九四五年左右於福島縣開始流行，後因一九七九年動畫《小雙俠》而廣為人知。

005

莫聽莫道他人是非

日本古裝劇常出現「你是要在這裡種松杉的人」這句臺詞。

松樹要長成枝葉扶疏的挺拔姿態、杉樹要長到能夠製成木材使用，最短都要花上幾十年的時間，與能迅速成長、結成綿絮乘風播種，落在某處生根發芽也不抱怨的蒲公英不同。換句話說，「種松杉」在日本是比喻要一輩子待在這地方、在這個環境安身立命的意思。

而古裝劇裡出現這句臺詞的場景，往往是某人在告訴外來者自己不批評朋友，說：「既然你打算在這裡安身立命（種松杉），我就不會在你面前道村民的是非，說了只會讓你留下壞印象。」又或者是在勸阻他人道是非，說：「既然你想要在這裡安身立命（種松杉），就萬萬不可說村民的壞話。」我認為這兩句臺詞很得體。

說處於同一環境的人壞話，只會使自己的立場難堪。住在同一棟大樓的人、同一個城鎮的人、公司的同事、社群網路上的網

友……等等，與你待在相同環境的人，在某種角度上來說，就是在這裡安身立命的人。只要你與對方處在同樣環境，就必須有在這裡「種松杉」的自覺，否則只是讓自己陷入尷尬。

說人壞話或許一時舒爽，然而一旦思及往後的情況，內心就無法平靜。

佛教稱「道是非」為「兩舌」，意思是兩條舌頭，也就是在A面前說B的壞話、又在B面前說A壞話的人。做出這種事，總有一天會弄得自己進退兩難，沒有容身之地，陷入孟克《吶喊》[2]的窘態。依本書的討論方向，原本是希望勸你「即使不小心道了是非，也別在意」，但遺憾的是，就是要在意道是非，才能夠活得輕鬆。

再來，最好也要注意「聽是非」的行為。本篇的開頭提到「既然你想要在這裡安身立命（種松杉），就萬萬不可說村民的壞話」，也提醒了我們不聽是非的效用。當你聽到有人打算道人是非時，可以試著說：**「請等一下，我還打算在這裡安身立命，若要道人是非，請先等我離席再說。」**

只要你敢這樣說，還有人能說你壞話嗎？這種時候還有膽說人壞話的人，便用不著在意。

---

2 《吶喊》又譯《尖叫》，是挪威畫家孟克（一八六三～一九四四年）於一八九三年的作品，以強烈的畫面風格呈現人物內心的焦慮不安。

006

關懷與親切要「多多益善」

　　佛教的目標是追求內心平靜的生活，而其勸人達成目標的手段就是布施、持戒、忍辱、精進、禪定、智慧（般若）這六項，稱為「六波羅蜜」。

　　布施是不求回報的行為。持戒是遵守佛教的戒條。忍辱是忍受屈辱。精進是努力。禪定是讓心冷靜。智慧是鍛鍊思考力、感受力、覺察力。

　　除此之外，一個人必須養成的德行還包括布施、說好話的愛語、為人行動的利行、站在對方立場的同事這四項，稱為「四攝」。

　　「六波羅蜜」與「四攝」的開頭都是布施，由此可知布施十分重要。

　　布施的梵語是Dāna，在佛教進入中國時音譯為「檀那」，日語稱為「旦那」。意思是廣泛地施予。

　　佛經裡提到，不管是布施者、受布施者，或被布施的事物，

最好都不要有布施的想法。意思是，布施的人不要想著「我在布施」，受到布施的人不要想著「我得到布施」，也最好不要知道布施了什麼、受到哪些布施。然而這點很難。

本想介紹幾個無意間布施的例子，可因為那是無意間做出來的行為，所以想不起來有什麼具體範例。如果能夠想起來，在想起來那一刻就不算是布施了，所以前面提到的布施定義，其實有些嚴苛。

如何因應他人的關懷與親切（這也是一種布施）也是個難題。某人關懷你、待你親切，一陣子過後，卻從其他人那兒聽到對方說：「我分明對他很好，他卻說了○○。」的話，你的內心想必也很難保持平靜，恐怕會驚慌失措地說：「原來他在期待我的報答嗎？」

當我們是付出關懷的一方時也是如此，我們恐怕會在事後抱怨：「我對他那麼好，他卻……」這就表示你付出關懷，是在期待著對方的感謝。

佛教認為關懷與親切是布施，是不求回報的行為，所以可以「儘管去做」、「多多益善」，因為這種行為很崇高，而且能夠在過程中得到滿足。

身為人類最美好的地方就是能夠關懷他人、對人親切，**而做完就忘記，才能替這份美好增添光輝！**

007

剛開始就發生摩擦是「好事」

大家都有自己的做事方式、方法、規則。

每個人都會決定好自己的衣櫃抽屜最上層擺什麼、第二層放什麼。還有些人吃晚餐是先從啤酒喝起，諸如此類。

我在寫信封時，習慣先在中央寫下收件人的名字，接著一邊顧慮版面平衡一邊寫上地址。這是因為我年輕時經歷過不少次把地址和收件人名字全都靠右寫，結果字變得像被海浪沖刷上岸的鹿尾菜般歪七扭八的經驗。

自己摸索出的規則，就是現在做起來最順手的方法，而且人們往往對於這個方法很有信心，想著用了很久都沒有出過問題，所以用這招就好，甚至也可能過度自信地以為這就是最理想的方法，大家都這樣做。

然而，自己的規則不見得在任何人身上都適用。每個人在不同環境下成長，經歷不同，摸索出來的方法和規則也形形色色。

一般企業的員工和公務員的做事方式理所當然地不同；經

驗豐富的上司與不夠成熟的年輕職員處理相同工作的作法也會迥異。有些人的座右銘是「今日事，今日畢」，但也有些人像我一樣，不喜忙碌生活，所以堅信「明日能做的事情不要今日做」。

婆媳戰爭或夫妻、情侶間連狗都嫌棄的爭吵，都是因為雙方過去的生活規則不同所引起。憑著自己那套規則一帆風順的人，想要把自己的規則強行推銷到別人身上，自然會發生摩擦。

不過，**凡事在剛開始就發生摩擦是好事**。這樣也就用不著從一開始為了避免摩擦而忍氣吞聲。

雙方各自主張自己的規則，相處才能夠順利，再來就只需要讓雙方的規則相互磨合即可。

「你是這樣想，而我是這樣想，我們來想想哪個部分該怎麼妥協吧。」或「原來如此，你的規則也是有道理，那我們用你的方式試試吧。」只要這樣講就行了。

這就是內心平靜地生活的訣竅。

倘若有個城市，所有市民都要強迫別人接受自己的規則，我不會想住在那裡。為了避免成為這種城市的居民，請大家面帶笑容磨合彼此的規則吧。

008

坦然接受自己的「傻」

在葬禮的守靈、法事完成後端上來的餐點稱為「齋」，而這種場合通常會供酒。不討厭酒的我正如「一杯是人喝酒，二杯是酒喝酒，三杯是酒喝人」這句話所形容的，喝了酒就經常會變成「傻和尚」，對在場人士推心置腹、酒後吐真言。

有一次，我乘著酒意坦然吐露出平日的丟臉行徑後，坐在我隔壁、同樣喝得酩酊大醉的老爹就說：「住持，你真是個蠢和尚。」四周沒喝醉的其他人聞言，全都嚇得瞪大眼；畢竟當著住持面前說他是蠢和尚十分失禮。我卻對這位老爹說：「謝謝您的稱讚。」

「住持，你在說什麼，我才沒有稱讚你。」「不，我很蠢沒錯。」「對吧。」「可是我很蠢的蠢，是大智若愚的意思。我是努力不被打倒的和尚。」「哈哈，是嗎。果真是蠢和尚。」最後不只是我們倆，連周遭其他人也放聲大笑。

除了蠢和尚之外，我也經常被其他同事稱為「傻和尚」，只

因為我經常出手協助各種事情，弄到幾乎沒有私人時間。

從某些角度來看是傻，但傻對我來說反而是一種稱讚。我會笑嘻嘻回說：「嘿嘿，我這麼傻，真是抱歉啊！」也可以說是不計較吧。

每個人都需要這樣的坦然，畢竟有許多事情夠傻才能辦到。

只要微笑回答：**「我很慶幸自己傻，不傻我做不到這些。」**對於自己做了平常人做不到的事情有自覺，也就足夠。

我比較介意的是那些一旦失敗，就難為情地笑稱「我好像傻子」的人。

「好像」的意思，就是心底其實不認為自己傻，也不認為自己失敗了。

但，失敗時，只要大大方方承認自己傻就好。在失敗時自嘲：「啊，搞砸了，我真笨。」的人，感覺更高潔。

假如遭人質問：「你是不是傻子啊？」下次不妨坦然回答對方：「你應該加個『也是』。」

009

就算搞砸了也不會死

　　這一篇是為了讓各位再次確認自己人生中的美好事物。

　　誕生毫無疑問是積極正面的現象。我們順應著這股積極正面的誕生潮流，經過產道呱呱墜地，來到這個世界。出生後，看到的、聽到的、聞到的、嘗到的、摸到的一切，都是第一次體驗。我們對任何事物都興致勃勃，就像好奇心的化身。

　　從躺著的狀態學會爬行、扶著物品站立，最後開始走路。據說走路就是勇敢的舉動，不斷在反覆向前跌倒。進入幼兒園和小學，首次挑戰團體生活。人類就是一直在持續挑戰新事物。

　　從他人那裡學習未知的事物或自己查詢資料，逐漸累積知識。這些龐大的資訊，在需要的時候都會派上用場。

　　如果交到了朋友，不僅在各種場合都能獲得幫助，自己也能夠幫助別人。和朋友在一起，樂趣會加倍，悲傷則會減半。

　　從小時候開始，就對工作、家庭、財產、人生目標等描繪了無數的夢想。但要如何朝著夢想前進，沒有定論，就像眼前面對

的是一片還沒有任何人走過的、廣大的草原一樣。

　　我們每年都會度過人生第一個○○歲生日，今年看到的景色是滿○○歲後第一次看到的景色。昨天的自己和今天的自己有所不同。昨天的經歷和獲得的資訊，是前天的自己所沒有的。因此，心境也在不斷變化。

　　人每天都在更新，成為全新的自我。

　　或許有些讀者會認為我「太過正面」了。的確，我總是希望自己保持積極正面的態度，這樣子更容易應付迎面而來的挑戰。

　　就算是這樣的我，有時也會在意小事，並感到沮喪。但是各位只要理解我前面所說的話，就能享受人生。

　　搞砸了、失敗了也不會死。

　　讓我們帶著好奇心、挑戰精神、累積的知識、朋友、夢想，以及永遠保持初衷的心情，踏上眼前這片名為人生的，尚未被走出道路的綠色草原吧。

010

能保持「自然體」的人
是最強的

　　「自然體（自然站姿）」是柔道的術語，指的是最適合攻擊和防禦的姿勢。這個詞在日本後來也被廣泛使用，用來形容一種不刻意為之、沒有先入為主觀念的空明境界。精神上的自然體也同樣具有出色的攻擊和防禦能力。

　　工作、戀愛甚至人生中，各方面都能夠柔軟應對的祕訣，就是保持自然體，不要過度在意、不要過度用力，不要有先入為主的觀念。如果我們一直擔心著有可能到來的情況，並隨時處於戰備狀態的話，將會筋疲力盡。

　　相反地，如果放鬆警惕、認為事情不會發生，那麼出乎意料的事情就會在毫無準備的時候出現，讓我們驚慌失措。倘若先入為主的認知與實際情況不符，也同樣無法做出有效的應對。

　　原本已經為接下來要做的工作做好準備，結果卻由其他人負責；本來心情已經放鬆，又突然收到另一份工作的指示「這個你來做」，這種情況可謂司空見慣。或者是為了約會做好萬全的準

備，對方卻臨時爽約，這種情況發生幾次之後，正感到沮喪，卻也可能有人正好在此時獲得了其他人的表白。

以結果來說，能夠保持「自然體」狀態的人，才是最強大的，因為他們遇到任何情況都能隨機應變。

那麼要怎樣才能夠保持「自然體」？**消除緊張和壓力的最佳方法，是安排一段時間，在光線昏暗的房間裡靜下心來**。這樣一來，原本緊繃的心就會放鬆，更接近自然體狀態。此時放鬆的不是情緒，而是心態。

此外，你也必須明白，即使做足了準備，情況也不一定會如預期般發生，一切都有可能隨著條件的改變而生變。如果出現超出預期的情況，原來的準備也派不上用場，因此從一開始就要明白此刻的準備可能無濟於事，並鼓起勇氣放棄。

先入為主的觀念也一樣，你必須要靜下心來，才能夠意識到自己的觀點只是現實的其中一面。即使是拍手也會引起各種不同的反應，即為「一拍手，鳥飛起，鯉魚聚，女中端茶，猿澤池」[3]。在日常生活中，請張開心靈的觸角，多多感受這些反應。

順便說一句，我認為能夠應付任何情況的人是「自然體」的人，而面對任何情況都不做出反應的人，則是我行我素的人。你覺得如何呢？

---

3 原文：「手を打てば、鳥は飛び立つ、鯉は寄る、女中茶を持つ、猿沢の池」。日本和歌，作者不明。在猿澤池旁拍手的話，鳥會感到危險而飛起，鯉魚會以為是有飼料而聚集，侍女會端茶招待。意同「盲人摸象」，指「即使是同樣一件事，不同的立場也會有不同的反應」。

011

實現目標需要「忍耐」

你的房間或工作場所是否有擺放花卉？無論是盆栽還是插在花瓶裡的鮮花，只要有花存在，心就會獲得舒緩。我住在寺院裡，每當去正殿或是去墓地巡邏時，總能看到供奉的鮮花。

據說在印度，人們接待客人時，會將裝滿花的籃子掛在柱子或牆上。佛教吸收了這種做法，用鮮花供奉佛陀和亡者。

花朵盛開並不是為了取悅或撫慰人類，它們只是自然而然地綻放。人類認為花朵美麗，因此將它們擺放在顯眼的地方，用來招待客人。對於花朵的喜愛，全世界都一樣。

起初只是因為美麗，而被擺放在顯眼地方的花朵，後來被佛教賦予了各種涵義。比方說，我們要像這朵花一樣，擁有美麗的姿態和心靈；我們要溫柔善待每個人，畢竟沒有人看到花會生氣；我們要懂得忍耐，就像花朵捱過寒暑才能綻放美麗一樣——佛教經常將人生的教訓與花朵結合，當作日常修行的動力。

我也常在法事上開釋：「花朵教導我們忍耐的重要。」忍耐

分成兩個種類：

一種是「即使有想做的事情也要忍耐著不去做」。

另一種是「即使不想做也要忍耐著去做」。

小時候經常被無緣無故地要求必須忍耐的人，長大後就會認為忍耐是壓抑己身自由的壓力。

對於這樣的人來說，一聽到「無需忍耐也無妨」這類自我啟發的話語，就會感到如魚得水、飛蛾撲火。

然而事情並沒有這麼簡單。忍耐還有非常重要的元素，那就是「沒有目標就無法忍耐」。

反言之，**一旦有了目標，再多的忍耐也不會介意。**

那些認同「為了實現目標，有些事情要忍耐著不能去做，有些事情則即使需要忍耐，也必須去做」的孩子，不會覺得這是一種壓力，而能夠成功做到。

寫下這一篇，是為了聲援那些曾經和我一樣，覺得忍耐壓力很大，並為此感到痛苦的人。

012

以「嗯，都是那樣啦」一句話
輕鬆解決

對於經常接受檀家[4]及其他人的諮詢的我來說，聆聽他人傾訴至關重要。有許多人會告訴我：「光是能說出來就覺得輕鬆多了。」畢竟能夠與他人分享自身的煩惱，會讓人感到安心。

然而，我卻不擅長「傾聽」這種只是認真聆聽的行為。或許是因為我比較喜歡說教，所以不擅長傾聽。

一位年邁的婦人劈頭就說：「你還記得我媳婦的弟弟是銀行行員吧？」以理所當然的態度講述一些我不知道的事情，我聽得一頭霧水，忍不住想吐槽：「這些事情我大概是第一次聽到，妳為什麼會認為我應該記得呢？」

如果真的這樣開口吐槽，就會削弱對方「想要說話、想要有人傾聽」的衝動。

然而身為和尚，經常站在傾聽他人訴說的立場，於是我會盡力揣摩對方究竟想要表達什麼。

假如判斷對方只是在閒聊，就會適時穿插一些笑話，享受談

話的樂趣。

假如判斷對方是想商量事情，則會仔細了解情況，並詢問不清楚的地方，從談話中找出對方想要做什麼或想得到什麼。接著，會根據情況判斷是應該用常識來回答，還是應該用佛教（超脫世俗）的真理來回答。

假如判斷對方是在發牢騷，我會好好當個聽眾就好。特別是對於那些說人壞話的牢騷，因只聽片面之詞無法分辨是非，所以會小心不要說多餘的話。

舉個例子，假設A、B、C是朋友，A和B吵架後，B向C訴苦。如果C輕率地附和B說：「A的行為真令人困擾。」後果將不堪設想。當A和B和好後，B很可能會告訴A：「C說你令人困擾。」這會使C陷入困境。

發牢騷的人也很清楚自己是在抱怨，不是在諮詢答案，因此只要在聽完後說一句「都是那樣啦」也就足夠，而這樣對方也會感到舒暢。

當我想要發牢騷時，會事先跟對方說：「我要發牢騷了。聽完後請說一聲：『嗯，都是那樣啦。我懂你的心情。』」

---

4 將家族墓園委託寺院供奉的人，也是寺院的資助者。

013

記得「退一步海闊天空」

我們大概都是在小時候第一次意識到有些人與自己的想法不同。關於這點，我很喜歡的名言形容得精確又絕妙。

「父親啊，想說的話就直說吧。母親啊，想說的話別就那樣說出來。大兒子啊，不喜歡就直說不喜歡。二兒子啊，不喜歡也要忍耐一下。」

即使在同一個家庭裡，每個成員也各自擁有不同的價值觀，更何況在廣大的社會中，我們所面對的價值觀更是千奇百怪。

有些價值觀與我們的相似，有些則截然相反、難以共存，還有一些是我們前所未聞，更有些是我們嗤之以鼻。儘管理解「一樣米養百樣人」的道理，卻很難做到完美回應。

其中最棘手的情況，莫過於與自身價值觀相悖的觀念碰撞。此時，我們往往難以保持心平氣和。從某種意義上來說，價值觀與信仰並無二致，都是人所深信的事物。

身為和尚，我相信保持內心平靜至關重要。

然而這世上也有人認為人生苦短，追求平淡無奇的生活不夠瀟灑，因此選擇在勝負的世界裡拼搏。還有些人則是崇尚生活樂趣，過得漫不經心。

　　若這三種人各持己見，無論過多久也仍會是三條平行線。大概就像「投資股票會讓人無法保持內心平靜」、「預測買點，買低賣高是股票的樂趣所在」、「投資股票賺錢的人，分給我一點！」這樣，如果大家一邊走路一邊爭論，不管繞地球幾圈也無法達成共識。

　　意識到這一點後，我開始嘗試在表達意見之前先理解對方的主張。

　　我會先說：「**原來也有這種想法啊。**」表示對於對方的理解。

　　因為比起強迫對方接受自己的觀點，這樣反而更能讓我保持內心平靜。

　　日本人往往將理解與同意混為一談，因此有些人會怒氣沖沖地認為：「如果你理解我的觀點，就應該按照我的想法去做，不是嗎？」

　　但事實上理解與同意是兩個不同的概念。**即使我無法認同對方的觀點，也能理解他們的想法，因此我會告訴對方：「原來也有這種想法啊。」**

　　透過這種方式，我得以妥善處理日常生活中絕大多數價值觀上的差異。

014

遇到意見很多的人，
回一句「謝謝」就好

　　各位是否同意「在大批群眾正專注觀賞舞臺劇或聆聽演講時對鄰座說話的人，是太雞婆的人」？

　　舉例來說，有些人在舞臺劇演出時，一看到演員登場，就對著鄰座耳語「那位演員昨天有上綜藝節目」、「那位女演員正在和男演員○○交往」之類的話，沒有意識到自己在這段期間錯過了重要的臺詞。另外也有些人，參加演講時一聽到某個話題，就忍不住要對鄰座說「我親戚也發生過同樣的事情」、「那件事他前陣子上廣播節目時也說過」，沒有意識到鄰座想要認真聽演講。

　　這樣的人和別人一起外出時，往往會做出「我昨天在車站前拿到面紙，分你一包」、「包包裡隨身攜帶喉糖很方便，分你一些」等等舉動。去餐廳吃飯，就說：「這個很好吃，你嚐嚐。」並半強迫地把自己的菜分給你，還會說：「我會去問一下這道菜怎麼做，之後再告訴你。」擅自做這些你並沒有要求的行為。

　　和這樣的人相處時，最大的困擾是，他們事後會向別人吹噓

「是我提醒他的」。我不免在想，他們或許是想要炫耀自己對別人有多親切吧。

曾經有人告訴我：「我可以幫你擺脫壞名聲。」聽到這話，我一臉錯愕，邊搖手邊回答：「哈哈，不需要、不需要。」

因為我總是在開玩笑，所以這樣回答也無妨。假如我生性認真嚴肅，直截了當地說：「不需要。」對方或許會惱羞成怒，逢人便說：「我本來好心幫他，他卻拒絕了。」唯一值得慶幸的是，周圍的人都知道我的個性如此。

遇到愛插手別人事的人，成熟的做法就是回一句「謝謝」。

而我所採取的回應則是：「你的好意我很感激，但你的意圖讓我害怕。」

容我多嘴一句，雞婆的言行是一種「慈悲」，至於控制它的力量叫做「智慧」。

無需——深思「意義」

「我們的世界是由一而多、多而一所構成。這是一個像花一樣莊嚴的美麗世界。」——這是《華嚴經》所宣揚的教義。奈良東大寺的大佛正體現了這種世界觀。

在我們微不足道的身體裡，也運行著與大自然相同的脈動。肌肉構成的心臟是勞動十億次的幫浦；肝臟分解酒精；肺臟從空氣中攝取氧氣；血液將營養輸送到全身組織；大腦儲存著幾億人類耗費幾萬年積累的知識。這本書中，也穿插著佛教兩千五百年的歷史。（這麼說可能有點誇張？）

這正是「一中有多」的體現。然後，許多人聚集在一起形成一個社會，無數的星辰聚集在一起形成星系，無數的星系又聚集在一起形成宇宙，這正是「多而一」的體現。

這種存在是全然真實，沒有半分虛假，所以很美好。如果能夠這樣看待問題，也許就能夠幾乎不在意小事了。

《華嚴經》中有一章叫做〈淨行品〉，以一百四十一條具體

例子展示了實踐華嚴世界於自身的修行方法。

例如，「使用牙籤時，也要像清理牙齒一樣淨化心靈，祈求消除一切煩惱污垢」、「看到大河，就祈求乘著佛陀教誨的水流，抵達佛陀智慧的海洋」、「看到橋，就祈求成為將一切眾生渡往安祥彼岸的橋樑」、「看到繁茂的葉子，就祈求自己成為像大樹一樣，為人們遮擋烈日的人」、「看到筆直的路，就祈求自己的心像這條路一樣正直，不阿諛奉承，不欺騙，堂堂正正修行」。

讀到這章時，我覺得很有意思。

人總是試圖賦予各種事物意義。自己的工作存在什麼樣意義？這困境有什麼意義？人生有什麼意義？等等。

然而，這章〈淨行品〉卻告訴我們：**「你所面對的一切都沒有固定的意義。賦予牙籤、大河、橋、繁茂的葉子、筆直的路意義的，是你自己。」**

為了鍛鍊心智，要賦予萬物什麼樣的意義，全操之在己。

016

不知道就是不知道

　　「高高在上」⁵這個詞是從二〇〇〇年代起出現在日本，大約在二〇一〇年左右普遍流行，並引起廣泛討論。那段時期我正在致力於弘揚佛法。起先，「高高在上」這個詞是用來形容立場在下的人對平輩或上級說話傲慢的態度。這引起了我的注意，因為我談話的對象大多比我年長。

　　我總以日常話題傳遞佛教的教義，然後回歸到佛教來結尾。

　　比方說，「我想，在場的各位在日常生活中都曾有過這樣的經驗，其實在佛經中也提到，兩千年前就已經記載了在遇到這種情況時該如何思考和行動。」由於我是和尚，立場與一般人不同，所以即使對方是長輩，我也不認為自己的態度算是「高高在上」。

　　然而，到二〇一三年時，卻有年輕員工指責「上司高高在上的言行太傲慢，令人厭惡」，因此引發話題。這件事的結局是有出版社推出了上司專用的指南書，好讓人避免不必要的麻煩。

如果傲慢是因為態度「高高在上」，那麼我的弘法全都可以稱為「高高在上」的說教。對於每月弘法數十次的我來說，這種轉變必須嚴以待之，因此做了以下思考。

地位、年紀較長的人所說的話，理所當然會「高高在上」，因為他們累積了足以這樣做的經驗，有值得一聽的價值。

連這樣都介意、厭惡，想必是當事人感到自卑，覺得受到刺激或被瞧不起了吧。我並沒有瞧不起人，純粹是希望各位聽聽佛教的教義。所以弘法時，我會夾雜自己的丟臉經驗，不會刻意隱瞞，盡量不去觸發聽眾的「高高在上過敏症」。

另一方面，我本人幾乎不在意「高高在上」的態度。長輩的言論自不必提，就算被年紀比我小的人傲慢地問：「你知道這個嗎？」只要是不知道的，我都會坦率地回答：「不知道。」

即使對方說：「你怎麼會不知道呢？」我也會回答：「我沒有義務也沒有必要去知道這些事情啊。」如果對方繼續追問：「可是這很有名啊！」我會笑著說：**「如果我不知道，那就不算有名吧。」**

那些對「高高在上」過度反應的人，需要趁此機會深入自己的內心。

---

5 原文「上から目線」，直譯為由上往下看，俯瞰的樣子。引申為瞧不起人的態度。

017

這世界不是「有理」就行得通

一九七〇年，日本進行了第二十次國勢調查，結果顯示日本人口首次突破一億人。此後，「一億總〇〇」的說法開始在日本流行，用來代表所有日本人。

「一億總評論家」也是其中之一。這句話的意思是人人都熱衷於說「這件事就是如此」，公開發表自以為是的言論，並將之視為真理。

電子辭典版的《大辭林》將「評論」解釋為「批評、討論事物好壞與價值等的行為，以及記錄其的文字」。而「評論家」則有兩種涵義，一是「以評論為職業的人」。第二種則具有諷刺意味，指「不親自採取行動，只發表意見或批評的人」。

有趣的是，在安布羅斯·比爾斯所著的《魔鬼辭典》（The Devil's Dictionary）中，「批評家」（critic）很乾脆地被解釋為「因為沒有人試圖討好他，所以自詡很難被討好的人」。

我們偶爾會遇到喜歡主張自己理論正確的人，而之所以對

他們產生質疑，或許是因為我們能夠體會《大辭林》和《魔鬼辭典》中對他們的描述。

這世道不是「有道理」就行得通，政治、經濟、人心全都具有「應該要這樣」卻行不通的複雜、模糊與脆弱之處。

那種人口沫橫飛講述己身理論的模樣，彷彿交響樂團指揮在空無一人的舞臺上，面對觀眾席拚命表演，令人很想說：「你應該要面對的是交響樂團，可是你的指揮卻不符合現實需求，所以沒人願意聽從你的指揮演奏。」

當然，即使這種人看起來充滿破綻，但對方的人品和談話內容是兩回事。**我們應該對看似正確的言論保持開放的態度，試著聽聽看。**如果我們覺得對方的說詞值得懷疑，可以當作負面教材，提醒自己不要變成那樣。

我為了用佛教來剖析複雜、模糊和脆弱的現實問題，在寫這本書時，盡量融入了個人經驗，以免自己成為光說不練的佛教評論家。我已經做好心理準備，專家可能會批評我寫的佛教不是真正的佛教，但我並沒有衝動或不幸到去談自己辦不到或無心去做的事情。

2

有些事
　不必在意

第 2 章

那是你「想太多」

018

人生沒有「輸贏」

　　我們的日常生活彷彿從早到晚都在玩小孩子玩的「咚！剪刀石頭布」遊戲。

　　這個遊戲要分成兩隊，從一條直線的兩側各自派出一名隊員向前跑，兩人在中途相遇時猜拳，猜輸的人讓路給贏的人，至於輸掉的隊伍為了阻止對方到達自己的起跑線，要派出下一名隊員再次順著直線往前跑，遇到對方的隊員就猜拳。雙方相遇時喊的口號「咚！剪刀石頭布」，就是這個遊戲的名字。直線變成曲線的話會更有趣，還可以搭配多個平衡木，從平衡木掉落時也適用與猜拳輸掉相同的規則。即使是腳步慢的我，也能充分享受這個遊戲。

　　與人同住，就免不了在日常生活中上演各種「咚！剪刀石頭布」。早餐有人偏愛吃米飯，有人則對麵包情有獨鍾。為了避免爭執，有些人乾脆選擇各自準備，眼不見為淨。

　　爭想看的電視頻道也是「咚！剪刀石頭布」。為了避免無謂

的衝突，有些人乾脆一人一臺電視，各看各的。只要有兩人以上存在，意見分歧在所難免，隨時都可能是「咚！剪刀石頭布」。

即使是看似簡單的貼郵票，也存在著各種流派。每個人的習慣不同，本就沒有絕對正確的方式。然而，有些人卻會對與己不同的貼法勃然大怒：「為什麼要用這麼花時間的方式貼郵票！」

在隊伍中插隊的人，是把自己的方便放在第一位。相反地，開車時緊貼前車，不讓試圖插隊的車輛有機可乘的人，也是把自己的方便放在第一位。用「咚！剪刀石頭布」來比喻的話，就是不甘心輸的人。

但是，人生並不是一場有輸有贏的遊戲。

在衝突之前，先讓路給對方，是我們應該擁有的寬廣胸襟。如果我們沒有意識到自己的意願與對方的意願相衝突，只想強行推銷自己的意願，那麼等待我們的只有「勝利」或「失敗」。

如果我們贏了，就會沾沾自喜；如果我們輸了，就會留下遺憾。但是，**如果我們能主動讓路，滿足對方的意願，那麼我們自己的心情就會輕鬆得多。**

大家最近說過或聽過「你先請」嗎？

說的人一旦多了，被禮讓的人也會增加。

何不先從自身做起，說聲「你先請」呢？

019

「渴望被稱讚」的欲望要適度

據說人有四個願望：渴望被愛、渴望被認同、渴望有貢獻、渴望被稱讚。這四個願望都涉及他人評價，雖然令人在意但也無可厚非，畢竟人類無法在社會中孤立生活。

「渴望被愛」是希望人們將注意力集中在自己身上，即為孩子們希望父母給予的，沒有人想聽到「沒有你我也無所謂，但原來你在啊」這種話。

因此，我們會試圖吸引他人的注意。在日常生活中，打招呼就是一個例子。對於被打招呼的人來說，他人的關注在那瞬間來到了自己身上，打招呼成為一種工具，「渴望被愛」的願望也因此獲得滿足。

「渴望被認同」是希望別人認可自己。對正處於悲傷中的人說：「你一定很難過吧。」表達自己的共鳴，也是一種認可。有些憂鬱傾向的人，有時會認為自己不值得獲得幸福，這種時候對他們說：「你值得擁有幸福。」就能夠挖掘出他們內心深處「渴

望幸福」的感受。

「渴望有貢獻」是指有能力幫助他人。昭和時代那種「要成為對社會有用的人」的教條式涵義已經逐漸淡化。然而，比起只為微不足道的自己而活，對人有貢獻更能提升自我價值。繭居族能夠透過志工活動重返社會，或許就是這種「貢獻的力量」在發揮作用。

再來是「渴望被稱讚」，這其實是很麻煩的。因為「渴望被稱讚」的欲望，是被關注、被認同、被需要後，甚至期待著他人的好評。換句話說，「渴望被稱讚」是一種必須滿足「被愛」、「被認同」、「被需要」這三者才能達成的奢侈要求。

想要獲得稱讚，就必須值得被稱讚。

因此，人們可能會討好、奉承，甚至撒謊。如果只是想引起注意，就像把幼稚和年輕混為一談的人會做的，只要標新立異即可。但如果他們追求的是「注意我做的事！認同我！稱讚我有貢獻！」那麼他們就會強迫自己，也會勉強別人。

「渴望被稱讚」的欲望應該要適度，你才能夠擁有內心平靜的生活。

020

「希望有人懂我」
會讓心胸變得狹隘

一個沒有意識到自己的內在層面，也沒有習慣分析自己想要什麼、為什麼想要這樣做的人，很難理解他人的想法，也很難同理他人的感受。

在這方面，我至今仍然贊同大學時的心理學教授所說的：「想要了解人心，不應該上心理學課，而是要多讀小說。小說中精彩描寫出人心的微妙之處，閱讀小說比學習心理學更能理解人心。」

青春期的孩子常常覺得「父母為什麼不懂我？」因此而感到焦躁不安。父母們在面對身心不穩定狀態的青春期孩子時，也往往感到不知所措，不知道該如何與孩子相處。

然而，能夠理解父母心情的孩子又有多少呢？還有一些人，沒有訓練過如何理解他人想法，就直接步入了成年，這樣的人往往只顧著表達自己的想法，完全不顧別人感受。

有一句我很喜歡的話是這麼說的：「**為什麼那些自稱『我其**

實很敏感」的人，往往都是最遲鈍的人呢？」

那個「為什麼」十分耐人尋味。可以感覺到說這話的人並非在否定那些遲鈍的人，儘管他不確定要如何與那些人相處，仍是抱持著溫暖開放的胸襟想要盡量接納他們。

如果患有精神疾病，事先讓周圍的人知情，確實比較妥當。但如果只是要求別人理解你的神經敏感，言下之意就是你在強迫別人多費心思顧慮自己，那麼一般來說，你會被貼上的是「遲鈍」而不是「敏感」的標籤。

希望別人理解自己是人之常情。即使身陷絕境，只要有一位知己相伴，也會如獲萬千援軍般讓人安心。然而，越是汲汲營營地尋求理解，心胸反而會越狹隘。

與其如此，倒不如主動成為他人的支柱，方能永保心胸寬大，並維持平靜。

想要獲得他人的喜愛，最直接的方法，就是先讓自己去喜愛他人。

同樣地，想要別人理解自己，最理想的方法就是先努力成為一名善解人意的人。就先從大量閱讀小說做起吧！

021

幸福是「認同」不是「擁有」

　　自己之事，茫然無知。昨日之樂，今日之悲；朝之喜，夕之悔。去年之笑，今年之泣。茫然不知所措，不知所求，不知所為，不知所當。東奔西走，跌跌撞撞，我究竟是誰？——人生就是一場自我探索之旅。

　　佛教認為，這一切正是各種煩惱的源頭。當我們心情愉快時，就會忽略周圍的事物；心情低落時，就會自暴自棄，拒絕接收外界資訊；偷懶挑輕鬆的路走時，看到那些努力工作的人，就反而會理直氣壯地問他們：「何必那樣折騰自己？」不只是埋怨他人也痛恨自己，卻選擇粉飾太平，讓心中生出荊棘。我們攻擊他人，心生嫉妒，忘記自己的價值；我們吝嗇，成為物欲的奴隸；甚至巧言令色，諂媚奉承，自戀不已又自我厭惡——佛教將這種狀態稱為處於「無明」之中，也就是連自己站在哪裡都看不清楚。

　　有時自己不清楚自己的行為，但旁觀者卻能一目瞭然，這就

是所謂的「旁觀者清」。在路邊看人下棋時，觀眾往往比下棋的兩人更能掌握全局，甚至能預測接下來八步的棋局，所以知道棋怎麼下會輸。下棋者每下錯一步，觀眾都會忍不住嘆息。

同樣情況在人生中也會發生。旁人看來很幸福，但本人卻不這麼想、沒有意識到時，若有人願意告訴我們：「不管怎麼說，你都很幸福。」的話，可能會因此意識到自己的幸福。這都是因為有其他人從不同的角度看待我們。

但是，有時也會覺得別人多管閒事。遇到這種情況時，真想生氣地說：「你什麼都不知道，別亂說話！」但生氣也於事無補。我認為最好的做法是輕描淡寫地說聲「謝謝」就好，只是有時候還是忍不住想反駁。

不管是旁觀者提醒我們注意到自己的幸福，或者是我們認為自己很幸福，以結果來看都是取決於自己。

只要明白自己是為了什麼、在做什麼、在面對什麼問題，就不是「無明」，這樣就夠了。

022

背叛是「理所當然」

為什麼有些人堅信「信任的人絕不會背叛自己」呢？

或許他們只是渴望擁有不會背叛自己的、一位值得信賴的朋友；或許他們懷著浪漫夢想，相信一定存在值得信賴的人。

我的人生充滿了背叛。辜負了父母的期望和信任、無法完成託付給我的工作等等。於此同時我也背叛了自己，因為無法做到自己想做的事情。我對辜負他人的信任感到抱歉，只能在心中向對方道歉說：「值得信任的人除了我之外，大有人在，只能說這次很抱歉。」

就像這樣，不管是無心、故意不還是不知不覺，我們都有可能背叛別人，所以遭人背叛也是理所當然。這種「理所當然」的想法，對於內心平靜生活來說，是非常重要的關鍵。只要認為某些事情是理所當然，自然就不會因此而受傷或沮喪。

有些人常以線來比喻人與人之間的關係，例如成為夫妻的兩人有紅線相連等。我認為這種形容很貼切。

關係就像用細纖維撚成的線，很容易鬆脫或斷裂，讓人不得不膽顫心驚。

　　要讓這條線變得更粗、更牢固、不易斷裂，就必須不斷地添加新的緣分。若是放任不管，隨著時間一久，線就會逐漸劣化。

　　孩子就像是其中一種為強化夫妻關係所添加的新緣分，因此有「孩子是夫妻關係的紐帶」這種說法。即使沒有孩子，夫妻同甘共苦、共度患難，也能累積深厚的緣分。然而，如果出現了剪刀刀刃般，背叛或被背叛的緣分，線就會被剪斷。

　　這種情況不僅發生在夫妻之間，在親子、朋友，甚至已逐漸成為死語的「靈魂伴侶」關係也一樣。

　　盡量不要背叛別人，同時也做好其他人可能因緣際會背叛你的心理準備，這樣才能夠變得比現在強大。

023

比贏後喜悅是傷害他人，比輸後難過會失去自我

　　佛教不重視「自他的比較」，因為經由比較而生變的價值，對於內心平靜毫無助益，反而有百害而無一利。

　　然而，我卻往往會在與他人相處時，不自覺地衡量對方。

　　尤其是事先得知對方在某方面有所成就時，甚至會滿腔熱血地想：「來吧，雖然我不是磅秤，就讓我來秤看看你有多少斤兩！」這種個性真糟糕。

　　衡量完畢後，我會對那些「名不虛傳」的人心生敬佩，對那些「名不符實」的人失去興趣……這種狀況每年會發生兩三次，看來我的修行顯然還不夠。

　　然而，世上也有些人和我相似。他們會把自己和別人放在天秤上比較，如果自己比較重，不僅會感到安心，還會看不起對方；假如對方比較重，他們就會極盡諂媚之能事。我會把這樣的人當作負面教材，就像照鏡子一樣，提醒自己不要變成那樣。

　　有句佳句說道：「與人比較後覺得喜悅是傷害別人，與人比

較後感到難過會失去自我。」如果發現對方喜孜孜的，是因為正在與我們比較，我們就無法心平氣和，會覺得被對方看不起，而忍不住生氣。這就是傷人的行為。如果與人相比之後感到難過，那麼這種難過就不是獨立的、屬於「自己的悲傷」，因此是失去自我的狀態。

我很少在與人比較後感到難過，卻有比較後感到喜悅的傾向。比方說，「比起做出那種事的○○先生，我還算不錯嘛」。這是一種傷害他人的思考方式，加上自己的心會因此充滿驕傲，所以最終也會傷害到自己。

因此，我學著在思考時刪除比較對象「○○先生」。

將重點放在「行為」而不是「人」上，以此當作己心之防鏽劑、防腐劑。不再想著「比起那個人」，而是「我不做那種事，值得嘉獎」，這樣一來就能夠大幅減少傷害他人的情況，驕傲也終將消失。

在你身邊其實有很多可以讓你內心平靜的負面教材。

我不是要你去瞧不起「別人」，而是要你稱讚自己沒有做出那個人的「行為」或「離經叛道的想法」。這才是「見賢思齊」的真諦。

024

功勞留給別人去爭吧

　　自我評價高的人，並不會太在意外界的評價，也不會公開表示「別人說什麼都無所謂」之類的話（在意的人才會這麼說）。

　　人們往往因此嘲笑他們自我中心、自以為是，但他們本人卻毫不在意，彷彿別人的閒言閒語不過是耳邊風。

　　佛教認為「高度的自我肯定」是相當重要的觀念。換句話說，能否說出「我很棒」攸關我們能否過上平靜安穩的生活。

　　由此，首先必須肯定自己存在的價值，工作、人際關係等方面的自我評價都應該放在其次。

　　來到這個世界並不是我們自己的意志，每天膽顫心驚在生活中掙扎也全是命運的安排，這就是「無法選擇的命運」。

　　構成身體的肉、骨、內臟，甚至頭髮和指甲，都不是我們自己創造，而是大自然賜予的禮物。換句話說，這些都是真誠無偽的大自然慷慨給予的，所以這副身軀也真誠無偽。

　　佛教認為真誠無偽值得讚揚，因此我們應該要肯定自己的存

在。若沒有這個基礎，即使堆砌了再高的自我評價，也會感到十分不安。經常在日常生活中看到的土裡的草木蟲蟻等動植物，也全都具有其存在的價值。人類也都是大自然認同的「有價值的生命」、「值得活著的生命」。

將大自然肯定的自身存在當作基礎，就會渴望在三千大千世界（又稱娑婆世界，意為忍受煩惱業苦的世界）中得到第二、第三層的自我肯定感。

其中一層就是對自己所做之事的成就感，俗稱「功勞」。戲劇中常有功勞被搶的人感到懊惱的場景，不過我本人從未經歷過功勞被搶或搶人功勞的經驗（或許只是沒察覺罷了）。假使功勞被搶，可能也不會太過懊惱。我認為只要自己做出成果就滿足了。只要能夠助人，或是對達成成果貢獻了一己之力，即使以其他人的名義公開，我也覺得無妨。

功勞這種東西，就該以甚至拱手讓人也樂意的、寬闊的胸襟看待。不管怎麼說，我們是在備受肯定下誕生的，而且還活在現時此刻呢。

025

「我想幫你」是很好的想法

我二十多歲時，一位七十多歲的老太太來寺院，對我說了這樣一番話——

「大師，我媳婦一年要出國旅行好幾次，在她出國期間，我會幫他們看家，替他們全家洗衣服。媳婦向我道謝，說多虧我很健康，他們才能夠安心出國。於是我晾衣服時在想，與其覺得自己是被迫或紆尊降貴替他們服務，不如想成是我主動要求讓我幫忙，這樣心境上也比較愉快。」

那以後，我對「讓我幫忙」有了新的認識，認為這是一種謙虛的態度；相反地，「我來幫你」、「我替你完成」反而是一種傲慢的心態表現。

「我來幫你」雖然展現出對人有貢獻的自信，但從某種意義上來說，也包含了傲慢的情緒，因此我開始認為最好使用表達謙虛心情的「讓我幫忙」。

換言之，選擇「讓我幫忙」，是把「我來幫你」視為一種

負面的施捨心態並遠離之。事實上在許多志工活動中,「我來幫你」的想法常常會在受到幫助的人和幫助的人之間製造摩擦。

有些人會拒絕援助:「不要幫我,也不要有這種想法,這很自以為是,滾開,不要強迫我接受你的善意。」聽到這些話,我更加認為「我來幫你」的想法可能會導致不好的結果。

但是這裡有一個陷阱。「我來幫你」這句話,基本上是出於對對方的關心。關心對方是很重要的。

儘管如此,因為我覺得「我來幫你」的態度代表傲慢,所以反而再也無法為別人做任何事了。

「偽」字的本意,並不是「其實是為了自己而做,卻藉口是為了他人的偽善」。然而,我卻不知不覺地開始認為為他人做任何事都是一種偽善的行為。

但是,站在對方的立場思考、想要為他們做些什麼,顯然比什麼都不做更好。如果我們因為擔心偽善或傲慢而不再幫助他人,那麼最終就會成為只知空談、碌碌無為之人。

為他人著想、想要為他人做事,是非常值得嘉許的想法。

026

世上絕大多數人
不是盟友也不是敵人

「我早就知道混黑道沒前途，所以四年前出獄後就和老婆結婚，金盆洗手了。」一位五十多歲的男人在寺院門口這樣說。他最近運勢不佳，因此來找師父替他驅邪。「我以前給正經人添了不少麻煩，這大概也是報應吧。」他笑嘻嘻的表情中，仍殘留著些許昔日江湖人的玩世不恭。

「那麼，擺脫黑道身份的感覺如何？」我問道。「當然輕鬆多了。住持先生，黑道可不能隨便加入。」我道：「我這把年紀也不會加入黑道了。從某種意義上來說，我已經選擇了在佛道上精進了。」

他露出了毫無顧忌的燦爛笑容：「哈哈，那倒是。」接著又說：「在我金盆洗手之前，每天都心煩意亂，連睡覺的時候內心都不安穩。我再也不想過那種生活了。黑道為了捍衛自己的地盤，必須時刻保持警惕，擔心什麼時候會和敵對幫派衝突。」

「誰都不會想靠近神經緊繃的人呢。」我說。他用肩膀推了

推妻子，回道：「沒錯。唯一願意靠近我的只有她。住持先生，今天謝謝你。失陪了。」

「不用謝，如果有緣又尚有命，我們會再見的——我記得這好像是黑道的問候。所以如果還有需要，就來找我吧。」說罷，我便揮手目送他們離開。

有些人會提防那些反駁、忽視或阻擾自己的人，甚至表現出敵意，我想他們大概都經歷過艱難的青少年時期，以至於將盟友之外的其他人皆視為敵人。

對他們來說，世界可能就像一個隨時需要保持警惕的戰場，並無法發自內心地笑出來。然事實上，**這世上大多數人或許不是盟友，但也不是敵人。**

佛教雖然不常談論「笑的力量」，但我認為那些容易和人結怨的人，應該試著多處在一些可以讓人發自內心大笑的場合。

因此，我推薦大家去觀賞喜劇，那是最不像戰場的地方。也可以聽聽單口相聲或觀賞優質的搞笑節目。

笑容能逐漸緩解緊繃的心緒。

027

「別人是別人，我是我」的陷阱

有一則笑話提到，如何用一句話讓船上的乘客跳進海中？只要對美國人說：「跳下去你就能成為英雄！」對德國人說：「法律上是這麼規定。」對義大利人說：「跳下去你就會受到女性歡迎。」對日本人說：「大家都跳下去了喔！」就好。

據說日本人之所以重視合群精神，是為了在「村落」這種小型共同體和睦相處所發展出的智慧。

與眾不同的確會引人矚目，也容易招致批評。人們會竊竊私語，說你自以為是、愛現、只顧自己表現。許多人因此壓抑了自己的想法和行動，無法展現個性，也無法實現自我，只能在心中感到不甘。

或許正是出於對此的反動，近年來日本社會也開始像歐美各國一樣重視和尊重個性了。

另一方面，父母也開始對孩子說「別人是別人，你是你」來鼓勵孩子獨立。

我出生於一九五八年（也就是距離二次世界大戰結束才短短十三年時），小學時我想做某件事被母親阻止，便反駁說：「可是大家都這樣啊！」還記得母親當時說：「別人是別人。」當時我不曉得這句話的意思是「不要隨波逐流」，反而解釋成「想做什麼就去做，不要管別人」。

　　戰前出生的母親，對這個解釋多加了一句「只要不給別人造成困擾就好了」。於是我為自己樹立了一個方便的藉口，覺得「只要不給別人造成困擾，我就可以做任何事」。也因此成了一個只想到自己的少年，對其他人不太感興趣，就這樣度過了青春期。

　　其實，只要人活著，就不可能不給別人造成困擾。因為是否造成困擾不是由我們自己判斷，而是對方；如果對方認為是困擾，那就是了。聽起來可怕，卻是事實（我不確定我母親是否有想到這一點）。

　　「別人是別人，我是我」這種想法，是發揮個性、邁向獨立的基石。但**這並不意味著可以漠視他人**，也不意味著不需要合群，千萬不要誤解了。

028

「不擁有」也是一種享受

人們追求物質和精神上的滿足，一旦沒有就會想要，這種渴望稱為「欲望」。雖然「欲望」一詞的語義並非完全正面，但追求自身所沒有的事物乃人類的天性，與善惡無關。

問題不在於沒有，而是明明擁有卻以為沒有，所以想要。

陷入這種心態時，佛教會提醒我們：「你其實已經擁有一切。」

追求物質的人，往往認為只要擁有想要的東西，就能感到安心和喜悅。

然而，這種安心和喜悅即使沒有物品本身也能實現。就像我很想在正殿裝設音響設備，但正殿裡已經有一套可隨身攜帶的簡易系統，因此我便放下執念，坦然接受「沒有也無妨」的現狀。

對於那些以擁有為目標的人來說，尚未擁有、總有一天能得手的盼望，也是一種樂趣和喜悅。

相信「白馬王子總有一天會來接我」，因而感到雀躍、興

奮，也是因為欲望尚未實現。就像買了彩券等待開獎日的心情。遇到未曾經歷的事情也是如此，光是想像就充滿了期待。我還沒有死過，但等到將死那刻，我相信自己甚至會期待「這輩子第一次死亡」的體驗。

我想說的是，如果不控制欲望，未來將會過得很痛苦。放縱欲望只會帶來更多的煩躁，也會增加與他人的衝突。

佛教中提到控制欲望的方法之一，就是「知足常樂」（請參閱本書第三章〈用少欲的鏟子與知足的鋤頭耕耘心田〉）。

另外一個與「欲望」一詞涵義相近的佛法用語是「煩惱」。煩惱指的是阻礙內心平靜的念頭和心態，因此，即使同樣是「欲望」，會令內心生出煩躁困擾的，就是「煩惱」。比方說，你想要擁有某物，甚至不惜偷竊，這種心態代表內心不平靜，所以這是超越欲望的煩惱。

我在想要某樣東西時，習慣先質疑「這種心情是擾亂內心的煩惱，還是單純的欲望？」

如果判斷出「現在這種念頭不是煩惱」，我就會面帶笑容去享受「能夠擁有但不去擁有」的感覺。

029

行有餘力，就去幫助別人

　　這是個很久以前發生在印度的故事。一對年幼的兄弟的母親去世後，父親再婚娶了繼母，但繼母是個沒資格被稱為母親、自私又心眼壞的人。也不曉得是否因為想要獨占丈夫的愛，某天她把兩兄弟扔到海上孤島，就這樣獨自離開。年幼的兩兄弟沒有食物吃，最後活活被餓死。在氣絕的前一刻，他們兩人在想：

　　「這樣悲慘的遭遇，就到我們為止吧，若能投胎轉世，我們要向人們散播仁慈，讓所有人免受這樣的痛苦。如果看到有人受苦，我們要伸出援手幫助他們。」

　　轉世後的兄弟兩人，真如前世死前發誓的那般生活，後來人們稱哥哥為觀世音菩薩，弟弟為勢至菩薩，以合掌禮敬拜他們。

　　這段故事講述了觀世音菩薩和勢至菩薩的名字由來，並教導眾人，如果自己有悲慘的遭遇，應該避免其他人也經歷同樣的遭遇，並且要採取具體的行動阻止。

　　仔細想來，佛教的始祖釋迦牟尼的生平也有異曲同工之妙。

當我們試圖扭轉不順從自己心意的情況時，就會產生痛苦。除非設法阻止自己想要讓情況順應己心的念頭，才能夠擁有沒有苦痛的平穩生活。

釋迦牟尼就是為了這個目的修行、冥想，在三十五歲時於菩提樹下悟道，內心獲得了平靜。

雖然自身證入了內心平靜的境界，他卻發現世間仍有許多人受困於自作孽產生的痛苦。

他意識到不能放下這些人不管，於是走出樹蔭，踏上了弘法傳教的旅程。釋迦牟尼明白，不能只顧自己而置他人於不顧。

遭遇不愉快時，我們往往會說「我再也不要見到他」、「我再也不去那裡了」，選擇保持距離、以策安全，或與對方斷絕關係求自保。不過這樣也造成了自我封閉的結果。

佛教認為，比起自我封閉在狹小世界中，不如將自己從苦難中解脫的方法傳授給其他人，更能夠獲得內心的平靜。

觀世音菩薩、勢至菩薩和釋迦牟尼都在自己悟道後，將餘生奉獻給了眾生。當你行有餘力時，不妨也伸出援手，幫助他人。

030

大家都一樣「忙」

當自己忙到身心俱疲、想要抱怨時，不妨去一個四至八人聚會的場合說說看「我最近真的好忙啊」。根據我的經驗，一個話題最多能讓八個人參與，超過這個上限往往會離題。這時就會發生有趣的情況。

「怎麼？你最近很忙嗎？」

「忙死了！最近根本停不下來。」

「看起來不像很忙啊？你到底在忙些什麼？」

「這也做、那也做，還要處理那邊的事情、這邊的事情，時間根本不夠用，真希望我有兩個身體。」

那麼其餘七個人就會回：「我也是！」「我也想！」「我也是！」「我也是！」「老子也想要！」「我也是！」「在下也是！」

如果具體詢問每個人忙碌的情況，就會發現，雖然所做的事情不同，例如：工作、家務、育兒、志工和嗜好等，但大家確實都很忙碌。

偶爾會聽到有人說：「我閒得發慌，好羨慕忙碌的人。」緊接著就會有人回道「我願意跟你交換」、「好想有人跟我交換」，彼此互相鼓勵，說著「不可能實現的夢想」替對方打氣。

聊到這裡，大家得出的結論大致上都是「大家都好忙啊」。如果在這個階段仍不服輸，硬是要繼續爭辯「最忙的還是我」，那麼眾人的反應就會變成「我剛才沒說，但我還要忙這些」、「我也是」、「我也是」，意見交換又回到了原點。

如何？這場景很常見吧？從我的經驗來看，炫耀（？）「忙碌」通常會是這樣發展。**忙碌的並不只有你。**

每當我想抱怨「太忙」時，就會想起下面這首和歌：

「看著　只覺無比自在　水鳥的　腳上毫不停留　我的想法啊」[1]

把「我的想法」換成「別人的想法」試試看。這樣一來，就有餘裕去體察別人的忙碌。

能做到這樣，也是因為前面的對話，我不知疲倦地體驗了幾百次。果然沒有什麼議論是無用的呢。

---

1 原文：「見ればただ　何の苦もなき　水鳥の　足に暇なき　我が思いかな」。意為：「表面看起來，水鳥在水面上移動無比優雅，但事實上牠在水中忙著划動腳。我也是一樣，看似悠閒，但實際上很辛苦。」

031

「行善」莫讓人知

「若作善根住有相」是佛教僧侶誦讀的懺悔文之一節，出自「不小心出錯而做出高野豆腐」的興教大師覺鑁（一〇九五～一一四四年）。「有相」是指眼睛可看見的形態或外貌。

這句話的意思是，如果做好事種下了悟道的種子，就會得意忘形，到處向人宣傳炫耀。

自從我開始寫書以來，每年都會聽到好幾次「寫書可以賺很多版稅吧」這種話。宣揚捨棄金錢欲望的和尚，居然也賺取版稅，在一般人眼裡應該會覺得很有趣。

一開始，我只有在對方語氣中感受到惡意時，才會義正言辭地反駁道：「我的版稅都用來支持柬埔寨村莊的自力生活，以及地震的災後重建了。」然而，我卻因此開始意識到，很多人都會羨慕我有版稅可領。

所以後來每當談到自己寫過的書時，即使沒有人問，我也會補充解釋：「但是呢，我收到的版稅……」

有一天，一位不是和尚的朋友提醒我：「你的版稅收入用途很值得嘉許，但最好不要特意提出來，否則會讓人覺得是在炫耀。」

聞言，我想起了佛法中的「若作善根住有相」這句話。「有相」的反義詞是「無相」，也就是看不見的意思。

佛教認為，無相比有相更重要。僧侶們全心全意修行的模樣固然令人敬佩，但真正的修行應該融入日常生活，並且自然而然地體現在言行舉止中。

若還需要向他人說「我做了這件事」來炫耀自己的修行成果，那就是修行仍未達圓滿境界。

幫助他人是好事，如果做了好事，自己的內心感到舒暢，那麼就不需要告訴其他人。

「天知、地知、我知、人知」這句諺語的意思是，做壞事一定會被揭露。但做了善事之後，除了「人知」之外，仍然適用於「天知、地知、我知」。世人不知曉的善舉稱為「陰德」。

「聽說你做了善事？」

「什麼？我哪有？你一定是搞錯人了！」

希望各位有天能夠像東京老街的和尚一樣懂得裝傻。

032

丟東西之前先丟掉「執著」

日本列居消費大國，儘管糧食自給率低，但日本人習慣每天準備四餐，並扔掉其中一餐。

在這種背景下，來自肯亞、首位以環境領域在諾貝爾獎得獎的汪蓋瑞・馬塔伊（Wangari Muta Maathai）女士，曾向全世界介紹日本的「可惜」精神，包括Reduce（減少垃圾）、Reuse（再利用）和Recycle（回收）三個詞彙加上對資源的Respect（尊重）這4R。

聽到這番話，最震驚的莫過於日本人自己了。

不知道是不是秉持著這種「可惜」精神，日本似乎許多人都有「整理困難症候群」和「丟棄困難症候群」。房間裡堆滿了繩子、緞帶、包裝紙等不知何時會用到的物品，根本無法徹底清掃，甚至地板只剩下一小部分。通常從冰箱的整理狀態可看出一個家庭的情況，同理，房間、衣櫃和抽屜的狀況也可以窺見一個人的性格。

不過，隨著近年來研究發展，發現有些看起來「邋遢」的人，其實是患有注意力不足過動症（ADHD）。如果是這種情況，就需要接受治療。

網路上和書籍中，針對像我這種不會收拾、無法捨棄的人提供了許多建議，其中一個名為「房間整理術！徹底掌握整理訣竅」的網站，簡潔歸納出以下三點建議：

① 捨棄「或許有一天會用到」的想法。

② 根據「會用到」和「不會用到」來分類，而非「需要」和「不需要」。

③ 丟掉免費取得的物品。

如果要我再加一點的話，就是**「與其哀嘆扔掉的東西，不如珍惜留下的東西」**。但我非常認同①這種「在丟棄東西之前，先丟棄想法」的觀念。

我認為這句話非常有佛教的智慧。對物質的執著，反映了我們內心的狀態；放下執著之心，就能使得心靈變輕。

丟棄物品，整理房間，不僅能讓空間變得清爽，也能讓心境煥然一新。

「可惜」的想法固然重要，但心靈的大掃除更重要。

033

死亡不是結束

斷奶、上幼兒園、上小學、中學畢業……等等，我們的人生中曾經歷過許多離別。這不僅是抵達該階段的終點，也是邁向新階段的起點。

然而，有些人卻不擅長處理這種離別。雖然沒有「別離高手」或「別離新手」的說法，但我覺得無法與另一半好好分手的人也愈來愈多了。

跟蹤騷擾也是其中之一。如果對方已經表明「我想分手」，你就應該乾脆地答應：「好。希望我們都能找到下一個合適的人。」並邁向下一階段。

在寺院裡遇到的人之中，最令我擔憂的就是那些喪母的人。與他們交談後，我發現他們在母親生前與其關係密切；許多人過度依賴母親，明明個性很獨立，卻無法擺脫原生家庭。

失去依靠的失落感無法痊癒，只能一直延續下去，他們甚至沒有多餘的心力去思考新的生活階段。

因此，我深刻感受到，父母必須做好放手的準備，而孩子也必須鼓起勇氣獨立。我們必須培養智慧與勇氣，在雙方不過度依賴彼此的情況下生活，為此，必須避免過度干涉。

尤其是父母，應該做好覺悟，得引導孩子獨立。

這樣寫可能有人會誤解意思，認為我是在鼓吹父母應該放任孩子不管。

有些父母會在不斷干涉孩子之後，對不聽話的孩子說：「我已經說這麼多了，你還是不懂，那我就不管你了。」態度急轉直下，從過度干涉變成「放任」。我認為這種太極端又缺乏技巧的教養方式不好，害怕父母放任不管的孩子可能會轉而依賴，導致親子雙方都陷入過度干涉的泥潭中。

最重要的，是要事先知道離別總會到來。再者，是要培養出懂得期待新階段的心態。面對人生最大的離別，也就是死亡時，也是如此。明白「死亡並非結束」很重要。

而掃墓在這方面就非常有效。想要成為別離高手，避免過度干涉，不妨試試掃墓吧。

順帶一提，墓地不僅是通往佛國的門戶，也是超越時空的任意門。

034

為什麼要劃地自限？

　　佛教有三個重要的理念，稱為「三寶印」，分別是**「諸行無常、諸法無我、涅槃寂靜」**。佛教雖然有許多宗派，但只要少了這三項，就不能稱為佛教。

　　最後的「涅槃寂靜」意思是指達到內心平靜狀態的美好生活方式。

　　「諸行無常」的意思是，一切事物都不能保持恆常不變的狀態。這是因為萬事萬物都是由各種因緣組合而成，因緣一旦改變，事物的狀態就會與現在不同。時間、季節、資訊、流行、精神成長等的因緣，時時刻刻都在變化，因此別說是物質了，就連我們的心，都不可能保持恆常不變的狀態。

　　由此導出的真理是「諸法無我」。這句話的意思是，萬事萬物都沒有固定的自我（形體）。舉例來說，你現在正在閱讀的這本書也沒有固定的形體，把它放在書架上，它就成了收藏；把它堆疊起來，就成了墊腳石或醬菜石；一頁一頁撕下來放火燒，就

成了烤肉的火種；餵給羊吃，就成了飼料；丟掉，就成了垃圾；扔出去，就成了武器；在扔書大會（不知道有沒有這種比賽）上，它就是比賽道具。

同理，「我」也沒有固定的形體。肉體會隨著年齡增長而持續變化。抓住腰間贅肉，忍不住大叫：「啊，這裡以前有肉嗎？」這種情況想必不是只有我發生過。

心也是如此，原本健全的精神，也可能因為一些小事而消沉或暴躁。一年前認為「自己就是這樣」的人，現在也可能已經改變想法。

有些不懂「諸行無常」和「諸法無我」的人會說：「我就是這樣的人。」彷彿在宣佈自己的決定。

這種時候我會說：**「別那麼武斷。」**

對方聞言，有時反而會堅持說：「不，我無論如何都不會改變。」有可能是誤以為我在鼓吹優柔寡斷的生活方式。

「我就是這樣的人」就像在說「這是一本書」。如同前面所說，書除了閱讀之外還有很多用途，把自己侷限在某種框架中，等於是在縮小自己的可能性。

你我都沒有固定的形體，也就是「無我」。換句話說，我們都擁有無限大的可能。

035

拋開「道理」，試著「感受」

　　每個人天生就擁有一股強大的力量。肺臟從空氣中汲取氧氣並輸送到全身；胃腸吸收食物中的營養素；體內有解毒和排毒的系統，負責清除有害物質；腦則負責處理五感和來自體內各處的龐大資訊，並控制著整個身體的運作。

　　印度早期就利用瑜伽將人體潛能發揮到極限，藉此緩解壓力、維持身心健康和協助修復。後來瑜伽也被佛教採納，用來訓練呼吸法、坐姿和冥想等，幫助修行者超越普通人的身心水準，達到更高深的境界。

　　尤其是冥想，擁有能夠擺脫自我、與宇宙合一等等的作用，根據不同宗派有不同作法。

　　印度時代的瑜伽或許可以理解為是訓練，進入佛教後的瑜伽則是修行。無論是哪一種，都強調超越理性和理論的藩籬。

　　因為瑜伽具備的潛力，是在擦亮感官，而非用腦思考時，才會啟動。

過去我在學習說話技巧時，老師曾經問過這麼一個問題。

「一個孩子坐在簷廊，用蠟筆在畫紙上認真作畫，但蠟筆卻超出畫紙，畫到了木質地板上。看到這情況，你會怎麼想？」

這是在訓練當時當地的臨場反應，必須即興表達自己的感受。如果有人吞吞吐吐地回話，老師馬上就會以開玩笑的口吻嚴厲批評：「你那副差勁的腦袋再怎麼想破頭也沒用！」我後來才明白，比起思考分析「那孩子是不是蠟筆握太用力」，聽眾更容易毫無滯礙地接受直覺想到的「會很難清理」這個答案。

對人際關係感到有些疲憊的人，不妨去用心感受一下大自然。滿天的繁星、高峰上的日出、山林的寧靜、落日的莊嚴、雪山的崇高。

這世上有很多連畫家都會丟掉畫筆、音樂家也可能想剪斷琴弦的，無法用道理形容的場面。即使用頭腦努力去理解、用理論去思考分析，也只會讓心靈乾涸。感性才能夠滋潤我們的心靈。

放下道理，花一些時間去感受（請注意，不是「思考」）自己的心吧。

大自然的美景總能激發我們的感性，並給予我們恰到好處的答案。

036

拿掉「有色眼鏡」

我們都不希望在工作和人際關係中發生誤解，因此我在與人交談時，會盡量將5W1H仔細解釋給對方聽，也就是何時（When）、誰（Who）、為什麼（Why）、在哪裡（Where）、做什麼（What）、如何做（How）。

舉例來說，當我向他人說明寫這本書的過程時，會說：「今年編輯委託我寫大約一百篇文章，每篇文章兩頁，內容是佛法觀點的建議，提供給凡事太在意的人們參考。」這樣說應該就不會造成誤解了（省略了「在哪裡」是因為在這種情況下並非重點）。

在工作中，為了避免誤解，最重要的是凡事都整理得條理分明再傳達。問題在於，有時我們會使用不恰當的詞彙。比方說，假如這本書明明是我「主動請對方讓我寫」的，卻說是對方主動邀稿，很可能會讓人誤會我其實不想寫。

在這種情況下，即使自己沒有意識到，也可能在潛意識中對

於寫書一事覺得「嫌棄」，這時候產生誤解的人就是我自己了。我必須深入挖掘內心，認同「對方能夠讓我寫書是一件值得感恩的事」。

此外，假如我分明不覺得嫌棄，卻說出「對方主動邀稿」這樣的話，就單純只是用詞錯誤，表示我需要多讀書，學習如何正確說話。

在工作之外的場合與人往來時，也有可能產生誤解。這種情況也讓人困擾，只有在顯露出來後，我們才能知道自己蒙受什麼樣的誤解。如果發現別人對我的看法與真正的我不同，那麼在必要的時候，就需要努力消除誤解。

但是，**即使不特意去化解，只要自己的信念堅定，誤解總有一天會消除**。不，有些時候即使誤解無法消除，那也只是對方沒有看人的眼光，不必放在心上。

我恐怕也誤解過許多人，但對方也會隨著時間而改變，自己的接納方式也會逐漸變化。許久未見的人再見面時，也往往會覺得對方和記憶中不一樣。

因此，**我不會固執地認為「他就是這樣的人」**。這樣做就是所謂的拿掉有色眼鏡。你是否也戴著有色眼鏡看待他人呢？

3

有些事
　不必在意

第 3 章

憂鬱時，轉念這樣想

037

經歷多次失敗的人更謙和

我們會在人生中經歷無數次的失敗。如果無法從一次失敗中記取教訓，而是重蹈覆轍，並且懊惱又無奈地表示：「哎，怎麼又來了！」這種狀態在佛教中稱為「迷失」。

我敬愛的大師曾告訴我，「反覆迷失」，就稱作「輪迴」。非常簡單明瞭的解釋。

原本的輪迴，指的是活人死後投胎到「地獄、餓鬼、畜生、修羅、人、天」這六道的其中一個世界，再次誕生。輪迴不單純只是投胎轉世，而是在迷失的世界裡再次降生。佛教的目的就是幫助眾生擺脫輪迴，到達不迷失的境界。因此，佛教以「解脫」為目標，從迷失的源頭，也就是煩惱的束縛中解放、脫離。

由此可知，在佛教中，達到悟境之後就沒有輪迴了。換句話說，「某人是釋迦牟尼的轉世」這樣的說法並不成立。

俗語云「事不過三」，一件事情最多只能失敗三次。失敗三次之後，成年人都應該懂得從中學習，不再犯過。

問題是，失敗也分類型。所以我最後領悟到：以結論而言，人生就是一連串的失敗。

　　在此前提下，我希望各位不要懼怕失敗。其原因有二。

　　一是這世上很多事情不做不知道，所以做了卻失敗是理所當然。害怕失敗就什麼也學不到了。

　　二是經歷過的失敗愈多，也會更加包容犯下同樣失敗的人。差不多就像「原來如此，我也以同樣方式搞砸過。一不小心就變這樣了」。

　　這麼一來，有過許多失敗經驗的年長者，也會愈來愈寬容。正所謂**「年紀越大，心胸也越寬大」**。實際上，我也確實覺得自己超過五十歲後變得更加寬容了。

　　一個成熟的人，懂得從無數次失敗中學習，並且能夠原諒他人的失敗。不斤斤計較指責他人的小過錯，以結果來說，內心也會因此而平靜下來。

　　歷經許多失敗、從中多學習，再多多寬恕他人，就以這種方式活著吧。

038

負面情緒
就「任它浮現又消失」吧

　　有時我們會覺得待在人群中令人心煩意亂，一個人獨處至少不會與別人產生摩擦。從這一點上來說，和尚經常獨處，所以自然而然就處於一種能夠遠離煩擾的理想環境。

　　即使和別人在一起很開心，待在一起太久也會感到疲憊。我並不討厭和人相處，但注意力的持續極限頂多是六個小時。接下來我就會想要獨處，或者和無須費心相處的家人在一起放鬆。

　　連相處愉快的人都是如此，若還被迫處於容易因摩擦產生負面情緒的環境裡，那將不得不持續承受內心的負擔。

　　我們會為了別人失禮的行徑而動怒，為了對方的無法理解而懊惱，因為對方的毒舌而憎惡，為了信賴的人一句無心的話而鬱悶難過不已，甚至會在無法替煩惱之人做出貢獻時，覺得自己沒出息。

　　但面對這類負面情緒，我多半是隔天就會忘記，就像大家常說的「睡一覺就忘了」。偶爾想起，也只會笑著說：「你不提我都

忘了，昨天好像有點不愉快。」

如果將自己產生的負面情緒分類，就能明白哪種程度的情緒可以放任其出現又消失。

提供我的情況參考，如果發牢騷的對象是不太熟的人，就表示這情緒的負面程度很低，可以放任不管；假如發牢騷的對象是親近的人，則屬於中等程度。這兩種程度的負面情緒，只要有人願意傾聽，就會舒暢許多。

問題在於那些無法向任何人傾訴、也無法找人商量的高等級負面情緒。如果這種狀態持續了三天，我就會分析自己為什麼產生這種負面情緒，試圖處理它。

自己討厭什麼？自己想要什麼？希望別人怎麼配合我？為什麼對方會這樣做？如果是佛祖又會如何反應？

透過這種方式，就可以覺察到自己的不足之處並加以改進。

站在對方的立場或從對方的角度思考，就能理解「他理所當然會那樣做」，也就不會在意了。

你也可以嘗試將自己的負面情緒分門別類，這樣一來，人生將會瞬間變得更加輕鬆。

039

讓別人失望也無妨

那些作著「想要被大家喜歡」這樣不可能實現的夢的人，每天一定過得很辛苦吧？因為他們一方面在憧憬著受人喜愛，同時也必須承受著不想被討厭的恐懼。我想，比起被眾人簇擁的夢幻感，害怕被討厭的恐懼會更大吧。

一旦心中藏著這種恐懼，人就會一心一意只想要滿足別人的期望。當我們還是物質與精神兩方面都需要旁人庇護才能生存的小學生時，有這種反應也是無可厚非，因為被討厭就無法存活。

但如果就這樣進入青春期，我們就會變成一個只會按照他人意願行事的傀儡。在人生中，我們需要有段時期能意識到自己正受到「不想被討厭」的恐懼所操縱。

雖然我的語氣好像在說教，但我直到高中為止也曾經是那樣。我小時候一直覺得自己是禪寺住持的兒子，不能被討厭，所以有一段時間，我總是在扮演「八面玲瓏」的好孩子。

很多家暴受害者就是認為不能讓別人失望，而一直在隱忍。

但是，我們沒有必要覺得自己一定不能讓別人失望，或必須滿足別人的期望。滿足了A的期望，同時卻也讓B失望的例子比比皆是。

舉例來說，有些人為了避免被朋友討厭，偷父母的錢請朋友吃飯。後來東窗事發，父母感到失望。為了不讓父母更失望，他坦承自己請了哪些人、花多少錢吃飯，結果又讓朋友們失望。

如果你在意被人討厭、在意讓人失望，倒不如對於自己這種在意他人評價的心態感到失望，進而改變自己的想法。

只要你有信心自己正在或試圖以自己的方式走上正軌，那就足夠了。

想像一下在你行走的道路旁，那些為你加油的人群中，有人對你沒有好感、轉身離去。你不可能會追上去吧？

你只需要走自己相信的路，沒有其他選擇。

請為自己準備一條能帶著自信往前走的人生道路。

040

解除焦慮的方法
是多問「為什麼」

　　當附近有人在生氣時，就連我也會感到尷尬，這就是憤怒釋放的負能量帶來的影響。

　　這種時候我會問：「你為什麼這麼生氣？」對方回答：「因為○○，所以我理所當然會生氣。」假如我接受他生氣的原因，我可以說：「當然會生氣。」假設我無法接受對方生氣的原因，我也能夠諒解對方必然有理由生氣，所以我會一直問：「我自己是不會為這種事生氣，但你為什麼那麼不滿？」「為什麼？」直到我能夠接受為止。這樣一來我才能夠脫離負能量的重力場。

　　只要我們認為對方的動機合理，就不會受到他的憤怒影響，可以藉由同理心和客觀角度，理解對方的想法和感受。例如：「他是這樣想，所以會生氣很正常」、「他有那種想法，自然會感到鬱悶」。

　　這個過程也有助於減少我們擁有的負能量。

　　請想想「我生氣的原因是什麼？我到底想要什麼？我為什麼

希望那樣？」

如此一來我們就能接納自己憤怒的情緒：「①我是基於這樣的原因才會有這種想法，②我想這麼做，③結果卻變這樣，因此我感到憤怒。」假如不想生氣，就必須從①開始審視才行。

這不僅適用於尋找憤怒的原因，也適用於悲傷、痛苦等所有負面情緒。反覆追問「為什麼」，直到找出自己能接納的答案。

假如你覺得麻煩，麻煩也是一種負能量。請捫心自問：「我為什麼會覺得這件事麻煩？」

找到答案，就能更了解自己，也能更體察他人的感受，進而建立良好的人際關係。

學校的道德相關課程應該教過要為自己與他人著想，但是多數人在義務教育結束後，就會忘得一乾二淨。

意思並不是越懂得思考的人，人格越高尚，但至少深思熟慮的人懂得思考，他們想要了解別人也想要了解自己。

多問問自己「為什麼？」享受自問自答的樂趣吧。

041

別讓靈魂隨著年紀變老

佛教中有「八萬四千法門」的說法，意思是通往佛教的道路有八萬四千條，也就是無數多條。

為什麼會有這麼多呢？因為釋迦牟尼會根據對象的情況改變說法。例如：遇到懶惰的人，他會鼓勵他們努力；遇到工作過度的人，他會勸他們休息；遇到吝嗇的人，他會宣揚布施；遇到愛發脾氣的人，他會教導慈悲。因此，如果要傳揚佛教的教義，可以寫出八萬四千冊的書籍。

但是像我這樣，試圖把個人經歷融入其中的話，能寫的東西就有限。我真想向出版社道歉：「我已經沒有東西可寫，叫我倒立也倒不出半點東西了。」就在感到無計可施之際，一位編輯說了兩句話，幫助我重新振作起來。

第一句話是：「只要想到自己必須用佛教的思維去拯救有煩惱的人及即將有煩惱的人，你就會想要繼續寫書。」新書一般會在書店裡放上幾個月，即使賣得好也是幾年後就會消失，換言

之，讀者將再也看不到那本書。基本上，書店都願意在店裡放新書，所以作者必須持續出書才行。

第二句話則為我帶來靈感。編輯說：「新書發行之後，你會產生全新的感受、想到想說的話吧，就把這些都寫下來。」

我一知道朋友今天生日，就會傳訊息祝賀：「恭喜你迎來人生第一個○○歲！」在自己生日當天也會想著：「這是我人生第一個○○歲。」

這樣會讓我的心態煥然一新。有句話說：「每天都是往後人生的第一天。」正如那位編輯所云，只要活幾個月，遇上的事情就足以寫成一本書宣揚，我卻說已經無事可寫，這只能證明我活得太過懶散。

人每天必然會增加一天份的歲數，但我們沒有閒工夫感嘆自己的年華老去。

只要具備發現新事物的感性，即使同樣的日常生活不停重複，我們也定然能看到之前都沒注意到的閃亮事物。

進行訓練時，閉上眼睛，避免受到視覺影響，或是搗住耳朵，不依賴聽覺，或是大膽地貼近樹幹、草或土壤等，都能夠激發挑戰精神。**人即使上了年紀，也別讓靈魂跟著老化。**

042

黑暗的過去
也會成為成長的基礎

過去、現在、未來在佛教稱為「三世」，也是佛經中經常出現的觀念。例如：三世諸佛（三世的佛祖們）、三世十方之佛（不受時空分隔，遍布各地的佛祖們）、三世因果（過去的原因成就現在的結果，現在的結果成為未來結果的原因，此為這個世界存在的方式）等，不勝枚舉。

有時也當成輪迴中的前世、現世、來世之意使用，但這種場合不稱三世，而多半直接稱「前世」、「現世」或「來世」。

因此，和尚們習慣用過去、現在、未來的三世觀念看待會流動、變化的時間。

在這三種時態中，「過去」一如字面上的意思，就是指過去的事物，所以無法重來。「現在」也馬上就會變成過去。「未來」則是尚未到來。

若問這種情況下要如何活著，答案只有活在此刻這瞬間。人類就是只能活在當下。

那個瞬間，就像站在了過去眾多經驗累積出來的地基頂端一樣。換句話說，就像是你準備做菜時，眼前已經擺著來自過去的數百、數千種食材、調味料和烹調用具。如何運用這些材料做菜，相當於如何活過當下、今天和明天。今天用到的材料，也許明天就用不到，但在你面前，仍然備有數量龐大的食材、調味料和用具。

　　沒有任何東西可以因為不需要而被丟棄。過去就是過去，不多也不少，就是現在的你的基礎。

　　以做菜來打比方的話，佛教認為應該要為「善」，避免為「惡」。「善」是指過去的善行，讓我們在經歷現在和未來時，感受到內心平靜。現在所做的事，若能讓未來的你內心平靜，也是善。反之，若時間一久，內心仍然未能感到平靜，則稱為「惡」。由此可知，**我們無法在行動的當下判斷善惡。**

　　讀完這本書之後，會慶幸「還好我讀了」，或者覺得「早知道不要讀」，皆交由未來的你判斷。

　　即使是不想觸碰的過去，也能成為此刻的你、未來的你創作出美味佳餚的素材。來，就讓我們一起成為人生名廚吧！

043

經歷越多後悔，人就越誠實

儘管我告訴各位「不要說些言不由衷的場面話」，然而「言不由衷」是矛盾的。心裡若沒有那樣想，照理就不可能會那樣說；既然說了出口，就表示心裡存在著這種想法。

因此，我們應該直接形容這種情況是「說謊」，而不是故弄玄虛的「言不由衷」。

會議結束後，如果有人說「開會時我說了謊，其實⋯⋯」，而不是「開會中我說了違心之論，其實⋯⋯」，那麼接下來會引發的問題就很明確了，他將會面臨的就是眾人對他失去信任，到處謠傳：「那個人說的話不可信。」

即使關係再親密⋯⋯不對，正因為關係親密，所以當我們聽到對方被批評或誤解時，往往忍不住想為對方辯護，試圖向其他人解釋：「他說的那些話並非出自本意。」然而，這種開脫之辭一旦傳到其他人耳裡，就很容易讓人產生「這個人不能相信」的印象。

另一種常見的情況是，你自認並沒有錯，但為了應付當下便說出「對不起」。我將這種行為稱為「總之先道歉」，這是我結婚後迅速學會的夫妻相處之道。

　　但是，這種行為終究只是可悲的權宜之計，很快地，人們就會看穿你的心思，認為「他只是想道歉了事吧」，結果反而火上加油。謊言遲早會被揭穿，讓你陷入進退不得的困境。

　　有時我們為了不傷害對方，也會說出違心之論。

　　我曾經對一個非常擔心的人說：「你一定沒問題。」其實我應該要說「不行就放棄吧」或「我來幫忙吧」，但我卻說了沒問題，後來只能眼睜睜看著對方失敗，也因此深刻體會到「後悔莫及」的滋味。

　　也曾經遇到有人對我說：「我上次對你說了那種話，對不起。」這種時候我會撒謊：「沒關係，我沒放在心上。」真相是我根本耿耿於懷到連覺都睡不著。那時就應該坦白說：「你的道歉讓我放下了。」

　　經歷了這麼多事，我發現自己逐漸不再言不由衷，正在慢慢成為一個正直的人。

044

順境也好，逆境也很好

我有膽小的一面，當順風順水的日子持續數個月後，我的腦海中就會浮現「福無雙至，禍不單行」這句諺語，總會想：「這麼順利的日子不可能永遠持續下去，不久後一定會發生始料未及的壞事。」

因此，為了預防萬一，我記住了一些在壞事發生時可以用到的格言。

「不管吸進多少不幸，吐出的氣息都要滿懷感謝」這句話是告訴我們，即使遭逢逆境，只要不忘感恩，心就能夠重獲溫暖的希望，不會冰冷。

「蹲下就是跳躍的機會」是指遇到讓人想要蹲下的狀況時，想成現在是為了下次跳躍而屈膝，就能夠做好心理準備等待時機到來。

「指著別人批評時，有三根手指朝向自己」則有助於打造堅強的心智，面對逆境時不辯解「錯不在我」，不推卸責任。

再來就是**「仔細傾聽　聞道之心　且坐地獄油鍋小歇」**[1]。傳說這是由江戶時代禪僧、有「西之一休和尚」之稱的仙厓和尚所寫，意思是「仔細聆聽佛祖教誨，佛祖的訓示定然常駐心中，只要那顆心保持沉著，即使下地獄也不會害怕，甚至有膽量坐在地獄油鍋上休息一下」。

這種解決的方式很有禪僧的風格。凡事都以真實樣貌面對，沒有虛假，萬事萬物都在告訴我們佛祖的訓示。

即使身處地獄也是如此。只要做好心理準備、堂堂正正接招，應該就能提昇自我。就算面對逆境，心中也有能小歇一下的從容。我為此開始學習佛教，希望學到的東西多少能成為自己的一部分。

我經常半開玩笑說：「我和你們都做過可能會下地獄的事情。」眾人聞言皆微笑點頭，我便接著說：「那麼，我們大家相約在地獄路一段的公車站集合。先死的人，請先去那附近找好看起來不錯的居酒屋。」

讓自己擁有開這種玩笑的從容吧，你的心漸漸就會有「遇到順境也好，遇到逆境更好」的堅強。

---

1 原文：「よく聞いた　聞いた心に　腰かけて　地獄の釜で　ひと休みする」。

045

當個「遲鈍、懶惰、不中用」的人也可以

　　這世上有些人認為自己是遲鈍且不中用的卑劣之人，我也曾經是其中之一。但是，只要身邊有可靠的人事物，就能像牽牛花擁有得以攀附的籬笆般，一掃獨處的不安與對自身弱小的擔憂。宮澤賢治的作品對我來說正是這樣可以依靠的存在。

　　《銀河鐵道之夜》、《要求特別多的餐廳》都是各位耳熟能詳的作品，但這裡我特別想介紹的是宮澤賢治寫在記事本上、幾乎都是片假名的知名詩作〈不輸給雨〉。

　　這首詩只有短短兩百多字，儘管希望各位仔細讀完全篇，不過在這，我特別想介紹後半這段極為出色的內容：「東邊有孩子生病，就去照料他；西邊有母親很疲憊，就去替她背稻捆；南邊有人瀕死，就去告訴他別怕；北邊有人打架打官司，就去勸他們別為了瑣事胡鬧。」這種熱心的態度，充滿佛教徒的生活風格。

　　接下來，詩以格外打動人心的這句話收尾：「眾人稱我為木偶，既不稱讚我，也不嫌棄我，我想要成為這樣的人。」

各位看完有何感想？被批評遲鈍、懶惰、不中用，不被人放在眼裡，因而沮喪的朋友們。宮澤賢治曾說過，他想要成為這樣的人呢。

　　當然，這一切能成立的前提，是我秉持著信念，淡定地往南、往北、往西、往東走，用這副父母賜予的五尺之軀去做該做的事。

　　如果你還是對於別人批評你遲鈍而心有不甘，你可以這樣回答他們：**「我不遲鈍，我只是慢條斯理、氣定神閒而已。」**

　　被指責不中用時，你可以用這個藉口逃避。「自古以來，因為太聰明而無法專注一事、到處招惹又一事無成的例子不知道有多少椿。我不想成為那種人。」

046

受批評時，試著靜下心分析

我是在三十出頭時，才知道「批評是寶貴建議」這句名言。以前曾聽過同樣意思的「良藥苦口」這句俗語，但當時只是覺得別人對我的批評或許真是良藥，可我還是討厭吃苦。

我曾經認為別人的批評，就是在否定我的人格，因此惱羞成怒，並逐漸累積憤憤不平的情緒。此外，當受到批評時，也往往會討厭批評者，而不是注意被批評的內容。這種想法又會讓我更加否定自我，變得自暴自棄。

因此，我覺得不能再這樣繼續下去了。我認為自己的思考方式有問題，於是進行了分析。以下是分析過程與現在的結果：

① 誤以為別人的批評是對我整個人的否定，因此獨自憤慨。

② 比起批判內容，反而將敵意轉向批評的人，想著「你憑什麼講那種自以為是的話」，認為只要否定對方，就等於是否定他們說的話。

③ 一段時間過後，敵意會消退，對方批評的內容卻會不斷地

浮現腦海。

④ 不知不覺中，已經能夠冷靜表示「原來如此，你說得或許
　　沒錯」並接受。

從不同的角度思考同一件事，就好像從身上的細胞分裂出另
一個自己一樣。我們的胸襟也會因此逐漸開闊。

⑤ 由於胸襟開闊，因此無論批評者是出於惡意或單純幼稚，
　　都能心存感激地表示「多虧有他」。

起初，別人的批評會傷害我們的內心，因此我們把心靈的
箭頭朝內。接下來，為了責罵對方，所以把箭頭朝外。直到覺得
「對方的批評或許是真的」，再次把箭頭朝內。這就是一路走來
的心路歷程。最後，箭頭的性質會改變，再次朝外。

⑥ 「就算說的是事實，但如果對方聽了，會覺得是在否定他
　　的人格，那就是表達方式不好。所以我提供建議時，也該
　　盡量注意自己的說話方式。」

這樣一來，就感覺自己又成長了一圈。

**透過這個分析，可以找出被批評時，自己的情緒和想法處於
哪個階段，並進到下一個步驟。這樣做的話，你應該就能夠比以
往更快地恢復到內心平靜的狀態。**

047

沒必要急著「改變自己」

我對自己的評分算高，如果滿分是一百分，我會給自己打六十五分。剩下的三十五分是應該去做，但已經超過了能力範圍，故無法做到的部分。

舉例來說，我希望以宗教人士的身分，去幫助那些正陷入困境中的人。但作為一名禪寺的住持，我無法前往世界各地找出那些需要幫助的人。在現階段來看，只能做到「立足在地，放眼全球（Think global, Act local）」。如果勉強行動，反而會產生不良影響。諸如此類的地方，讓我扣了三十五分。

六十五分之中的五十分是我目前已達成的，不過這些成就仍然有可能在別人的批評下瓦解。另外十五分，則是有自覺目前尚未做到，但正在努力的部分。

認清自己做不到的事並不難。就我而言，早上問候要說的「早安」，我經常咬字不清說成「早ㄤ」，唯有精神充沛時才能發對聲音。

如果早上精神飽滿的話，就能說出「早安」，然遺憾的是，十次中會有五次左右變成「早ㄤ」。

與人共度一段時光，到了道別時，也往往只能說出：「那麼，辛苦你了，謝謝。」我的目標，是能夠在道別時，加上與對方共度時光的感想。比方「今天很開心」、「我學到了很多」、「期待下次再見」等，但現在還做不到。因為當我開口說「那麼」時，腦海中已經在想著回家的路上或回到家之後要做什麼了。這種行為對仍在面對的對象來說很失禮。

對於這些地方，假如只是自覺「自己還差得遠」，卻什麼都不做，那麼我的自我評分只會更低。

但是我意識到了這一點，而且刻意練習說「早安」，也訓練自己在道時多加上一句話。對於自己做不到的事情有自覺，所以給自己加上十五分也很合理。

假使你心中存在著想要盡快改變的地方，請不要著急。前面提到的兩件事，我即使訓練了十五年也還做不到。**改變自己並不容易，畢竟大器晚成。**

048

用少欲的鏟子與知足的鋤頭
耕耘心田

渴望愈多，獲得愈少，心靈當然無法滿足。

〔**幸福度（％）＝現實÷願望×100**〕是世人皆知的幸福方程式。假設十個願望中只有兩個能實現，也就意味著幸福度只有五分之一，也就是百分之二十。

讓幸福度達到百分之百的方法有兩個，一是十個願望全部實現，或者是把願望濃縮成兩個。

佛教的態度是後者，這點可以用「少欲知足」來概括。如果能把欲望減少，懂得滿足於現狀，內心就能獲得平靜。

太多的願望沒能實現，恐怕會讓人感到心灰意冷。

年輕的我想要某樣東西卻無法得到時，會認為這世上所有東西都是我的，現在只是暫且寄放在別人那裡。

這種宛如創世神，或吃不到葡萄說葡萄酸的扭曲思維，當時確實讓我壓抑住了腦子裡勃發的物欲。

結果，我發現即使沒有那些東西，自己依然可以過得很好，

也因此領悟到「原來想要並不等於需要」。就像搬家後才發現，裝著搬家行李的紙箱幾個月都沒打開，自己還是照常生活，而讓人意識到「原來裝進這箱子裡的東西我都不需要」一般。

佛教不僅探討過度的物質欲望，也深入思考人追求事物時，內心產生的「空虛」狀態。

欲望沒有盡頭，倘若我們不斷地追求，將永遠處於欲求不滿的狀態。一旦有所獲得，又會因害怕失去而變得不安。

這種狀態就是內心不平靜，心靈沒能夠獲得滿足。

盤珪永琢禪師[2]的〈磨粉歌〉裡有這樣一句：「不貪不求，今世吾有也。」[3]

即使不像曾經的我一般，覺得世上一切本該是我的，**只要明白了只要減少欲望並知足，依然能安然處世。**

動念追求，或努力減少追求的念頭；滿足於現狀，或認為擁有得更少亦能滿足，這全都取決於我們的心。

別用物質去變相滿足內心欲望，我們應該耕耘心田，這樣才能減少欲念和痛苦。

拿起少欲的鏟子和知足的鋤頭來耕耘心田，必然能收穫平靜的心。

---

2 盤珪永琢（一六二二～一六九三年），江戶時代的禪宗臨濟宗僧人。用平實語言講述禪宗思想與應用實踐，曾遊歷各地，並修建大量寺廟。
3 指放下對世間五欲（財欲、色欲、食欲、名聲欲、睡欲）的執著，則世上一切都將歸我。

049

「勉強為之」無法持久

奈良東大寺的主尊是盧遮那佛，其座高為十五公尺。假設日本人的平均座高是身高的百分之五十三（實際上並非如此），那麼奈良大佛站立時的高度，大約有二十八點三公尺。另一方面，東京淺草金龍山淺草寺的主尊為觀世音菩薩，其身高為一寸八分，也就是五點五公分。

一般佛像的標準高度是「丈六」，也就是四點八公尺。

光是這個尺寸就已經很雄偉了，為什麼還要建造如奈良大佛這般的的巨大佛像呢？我認為主要原因，是他們想以雄偉的外型象徵佛陀的偉大。此外，我推測打造小佛像的原因是小佛像更方便供奉在家裡，以及能象徵宏大的慈悲和智慧都被濃縮在一個小巧的身軀中。

佛陀的出現與佛教的存在，本就為教導我們擁有內心平靜的生活，因此無論佛像大小如何，都應與我們自身的內外在相符（等身大）。

當我們在心中找到與自己等身大的佛陀、在佛陀中找到與之等身大的自己，就能以佛陀的方式生活。

這裡所說的「等身大」，並非指一成不變的自己，而是指逐漸成長的自己。人心就像細胞一樣，即使不刻意施加壓力，也會不斷地收縮膨脹。它能屈能伸，雖然偶爾會陷入低潮而縮小，但我們必須發揮挑戰精神，努力超越現狀，變得更加強大。

我們的心會因適度的壓力而茁壯成長。雖然過度勉強不可取，但適度的自我超越卻有必要。

然而，過度壓抑反而會把心壓碎。若持續貶低自己，只會將自己推向黑暗的深淵。

在這種情況下，需要相信自己「渺小卻獨特」，才有辦法從黑暗中爬起。而我深信佛教的教義，正是這股力量的來源。

此外，急速膨脹、膨脹過度就會斷裂，心也會變得支離破碎。若要意識到「繼續這樣固執己見，心恐怕會碎成千萬片」，**最重要的就是安排一個時段，獨自一人靜靜凝視內心。**

我認為，**有能力逐漸成長為等身大的自己，就是最好的。**

050

「孤獨」無妨，但不可「孤立」

世上有些事情看似相同，本質卻截然不同。

一位鋼筆愛好者說過，鋼珠筆是用來記錄行政文書資料，而鋼筆則是用來留下想法與記憶等豐富心靈的內容。我還記得自己當即就被說服，第二天就去買了鋼筆。

某位將棋棋手也說過「煩惱」與「思考」不同。煩惱是只在原地打轉，無法得出結論。與其相對，累積一次次的想法，直到導出結論，這才稱為思考。

了解這兩者的差異，才有資格給予他人好建議。

煩惱的人無法冷靜掌握自己的內心狀態，這種時候聽到別人問：「你在煩惱還是在思考？」才會反應過來，恢復冷靜面對問題的思考能力。

日本在進入平成時代（一九八九～二〇一九年）之後，有兩個看似相同本質卻截然不同的概念，尤其受到關注——「孤獨」和「孤立」。

過去透過人脈和地域緊密相連的社會，逐漸受到各種因素影響，而讓連結變得薄弱、甚至斷裂，導致逐漸成為高齡城鎮、繭居、孤獨死等等問題日益嚴重的孤立社會。若不著手改善，這個原本由互助精神打造出來的富裕國家，恐將淪為病態社會。

　　一般來說，「孤獨」是指獨自一人的寂寞狀態，但進入平成時代後，卻賦予了獨處正面的意思。

　　意指即使形式上是獨自一人生活，只要擁有關係緊密的夥伴和家人就無妨；或即使獨自一人，也覺得內心充實的狀態。這也是和尚打坐時的狀態。

　　而「孤立」是指形式和精神上皆與他人斷絕聯繫的不安狀態。有些人為了填補內心空虛，會沉迷於遊戲或自暴自棄。

　　為了戀愛或友誼等深刻的人際關係而煩惱的人，有時會選擇放棄這些關係，宣稱「我再也不談戀愛了」、「我不需要朋友」，只求過得輕鬆。

　　然而，孤立生活必須具備莫大的覺悟，堅持不對外求援也不依賴援助。覺悟與無謂的逞強或自暴自棄的固執，看似相同，本質卻截然不同。

　　即使喜歡孤獨，也不要孤立自己，如此才能夠擁有內心平靜的人生。

　　不要因為無法得到想要的東西，就像個孩子一樣賭氣地說：「我什麼都不想要了！」

051

意識到一個人的力量有限

《大日經》中有一首短偈[4]稱為〈三力偈〉。

以我功德力	我積累的善行之力
如來加持力	與佛陀們所加持的力量
及以法界力	以及構成宇宙和自然的力量
普供養而住	普遍供養，安住於殊勝境界[5]

〈三力偈〉通常會在真言宗的法會結束時誦唱，意思是「我自身之力無法完成任何事。唯有三種力量共同作用，才能成就一切」。僧侶經常誦唱此偈，反覆提醒自己一人的力量微不足道。

凡事憑藉自己的努力、他人的幫助、大自然的助力，這三方緊密合作時，能夠順利運作，達成出色的成果。

我們能走在路上，也不完全是靠自己的努力，還得加上建造道路的人、道路建材的砂石、土壤、瀝青等大自然的產物。

即使你覺得你能活著是靠自己的力量，但心臟會跳動、身上的割傷結痂痊癒，都不是因為你的努力。

有些人認為他們是靠自己賺來的錢生活，感受不到來自周遭的助力。薪水確實是勞動的等價報酬，但無論是製造業或服務業，沒有消費者存在就無法賺錢產生收入。將購買商品的人視為「他人的幫助」、「外在助力」，心靈才會變得豐富。

假如不明白這些道理，就會誤以為「我也是靠著自己一路走來」、「我一個人什麼都能做到」，從而忘了謙虛，變得獨斷專行、傲慢自大。

若自豪地宣稱自己不靠任何人的幫助也能獨自生活，先不提這沒什麼好驕傲的，你只會被其他人嗤之以鼻，嘲笑說：「這人什麼都不知道還自以為是。」

真切去感受自己受到許多人的幫助才能生存，這樣的人生才會更加充實。

---

4 闡述教義的詩歌，通常由四句組成。
5 此處為作者釋文。《大日經疏十一》則曰：「以我功德力故，以如來加持力故，以法界平等力故，以此三緣合故，則能成就不思議業也。」

052

危機就是轉機

___

　　當我們面對自己無能為力的情況時，腦中會經歷什麼樣的過程，最終導向接受？

　　伊麗莎白・庫伯勒－羅絲（Elisabeth Kübler-Ross）醫生分析了許多病患的心路歷程，並在安寧病房等醫療現場累積豐富的經驗，最後提出了帶來重大貢獻的研究成果「悲傷五階段理論（The Five Stages of Grief and Loss）」。

　　第一階段是「否認」。認為自己不可能罹患這種病、一定是誤診的否定時期。

　　第二階段是「憤怒」。質疑為什麼不是別人而是自己罹患這種病，感到憤怒、不平和不解，進而遷怒周遭其他人的時期。

　　第三階段是「討價還價」。為什麼得這種病？是那件事做錯了嗎？是這件事做錯了嗎？不斷地尋找合理的原因，為了治病想方設法的時期。

　　第四階段是「沮喪」。感到絕望和無助，放棄希望的時期。

第五階段是「接受」。坦然面對自己的疾病和死亡的時期。

悲傷五階段理論被廣泛應用在醫療現場，我認為這項寶貴知識只有醫療專業人員知道，實在太可惜了。

不管是罹患絕症或一般疾病，了解前面提到的心路歷程，皆有助於分析自己目前所處的階段。

我甚至希望自己直接進入第五階段，這樣就能清楚知道自己現在應該做什麼了。

與其去追究「我為什麼會得這種病？」並且幻想著不切實際的情況，或者討價還價地說：「我會這麼做，所以請治好我的病。」還不如早點接受自己生病的事實，思考應該接受什麼治療、在生病期間如何過上有意義的生活。

這樣說有點畫蛇添足，不過值得一提的是，處於第三階段的人，不少都會開始信教，甚至加入邪教團體。除了生病之外，處於貧困和打官司等爭議時也會如此。新興宗教往往最愛鎖定身陷「貧、病、爭」的人。

這種信仰型態習慣將有能力解決貧困、疾病和爭議的某人視為信仰對象。換句話說，他們是將與自身狀況相反的對象當作神或本尊來崇拜。

這與佛教面對苦難的方法「培養心智，不試圖使一切皆如自己所願」正好相反。

如果我們能夠將生病視為「鍛鍊心智的挑戰」，那就太好了。

053

現在的你就很好

　　有些人會否定自我，而他們這麼做的原因有很多，例如無法滿足父母或社會的期待、不符合莫名其妙的「一般常識」或「社會共識」等框架的束縛……雖然好像一副很懂的樣子，但事實上，我也正在「自我肯定」與「自我否定」之間來回擺盪。

　　當我們活得缺乏自信時，目光總會不自覺注意到「認同真實的自我」或「你可以活出真我」等字句，忍不住想要點頭贊同：「沒錯，我必須這麼做。」但如果我們膚淺解讀之，反而會適得其反。

　　淺薄地解讀，只會得到「我不需要滿足旁人的期望」、「背叛也沒什麼大不了」、「打破常規沒關係」、「當悲劇主角吸引注意力有什麼錯」等，諸如此類的結論。

　　如此一來，前途依舊一片黑暗，內心也無法平靜。

　　「認同真實的自我」、「你只要做自己就好」在佛教中稱為「如實知自心（如實觀察自心之實相）」。明白自己真實的心與佛

一樣美好，這就是悟道。

遺憾的是，理性思考也並無法達到心佛合一的境界，為此有必要進行修行。

修行的第一步，是認清自己的無明。自覺到自己的心中仍有未被光明照亮的領域，並承認自己還有許多不足之處。

因此有了以下這篇懺悔文：

我昔所造諸惡業　　我從很久以前就造下了許多的惡業
皆由無始貪瞋癡　　都是因為無始以來的貪婪、憤怒和愚蠢
從身語意之所生　　從身、口、意所產生
一切我今皆懺悔　　我現在在佛前懺悔一切惡業

「認同真實的自我」是指意識到自己的弱小，進而認同想要改變現狀的自己。

正因為弱小，自覺到這一點之後，我們就會努力想要變強。這樣很好。

「只要做自己就好」的意思是「你只要保持『能夠意識到自己的不足並努力改進』的你就好」。你甚至有拿起本書的上進心，所以只要保持現在的你就好了。

4

有些事
不必在意

第 4 章

不比較，不苛責，乾脆放下

054

是「自己不夠好」
不是「技不如人」

　　我們透過與他人的比較，找尋自己的定位。然而，瞧不起不如自己的人，是無知與愚昧的表現。

　　瞧不起不如自己的人，等於是在歡迎其他人瞧不起自己。當我們只顧著俯瞰其他人、陶醉於自身的優秀時，就會停止進步，宛若驕傲的孔雀，再也無法登上更高的境界。真正成熟的人，反而會朝不如自己的人伸出援手，替他們備妥向上攀爬的梯子。

　　論及豐富的知識、卓越的技術以及人品等等，若向下看，那些不如自己的人多如牛毛；若向上看，那些比自己優秀的人也多如繁星。有些傑出人士看到這景象，忍不住說：「還真是贏不過，我認輸，呵呵。」只想馬上夾著尾巴逃離這讓人難以忍受的狀況。但是，在這種情況下選擇逃跑的人，大多都是瞧不起不如自己的人，或僅安於現狀的人。

　　在令人敬畏的偉人中，也有不少值得尊敬的成熟的人。他們會向我們伸出援手，或者來到我們身邊給予鼓勵。

我們不必猶豫，只要一階一階登上他們準備好的階梯，就能夠接近他們。

我在三十幾歲時，遇到了兩位讓我心生嚮往的人。雖然過去也遇見過許多優秀人士，但年輕時候的我還沒有覺察的能力。

有句話說「**對的時機才會遇上對的人**」，即使我們再努力，只要時機未到，就不會遇到對的人。

其中一位是和尚，他總是充滿活力，行動力十足。他對傳統法要的知識淵博，也是一位書法達人，擅長用通俗易懂的方式講解佛法，讓我深深體會到「禪寺就是佛教的主題樂園」。而且他很喜歡喝酒，即使在醉醺醺的情況下，依然能夠保持行禮如儀，無論遇到誰都不怯場，總是充滿自信，是值得信賴的前輩。

另外一位則是充滿幽默感、也具有暖心一面的資深新聞主播。他帶著自信引導我：「語言不會傷害人，感覺受傷是因為對方傷了你的心。只要經過鍛鍊，不管別人說什麼，你的心都再也不會受傷。」

儘管這兩位都已仙逝，但覺得自己還是「不夠好」的我，如今仍繼續攀登著他們為我準備好的梯子。

055

理想的待人方式是「慈悲」

我們常聽到「他對自己很寬容，對別人卻很嚴苛」、「他對別人很寬容，對自己也很寬容」等說法，整理下來，我們可以將社會大眾分為四種類型：①寬以待己，寬以待人。②寬以待己，嚴以律人。③嚴以律己，寬以待人。④嚴以律己，嚴以律人。

如果要根據理想的做人方式排出先後順序，我認為最理想的第一名是③嚴以律己，寬以待人的人。最後一名是②寬以待己，嚴以律人的人。不過，我對於第二名和第三名有些猶豫。①是對人對己都寬容的人，④是對人對己都嚴苛的人，哪一種更理想呢？

於是我問了妻子，她說第二名是對人對己都嚴苛的人，第三名是對人對己都寬容的人（也就是說，現在的我在妻子心目中是第三名，真丟臉）。

我認為這個排名結果可能因人而異，所以問了同事們：「假如要選上司，你會怎麼排名呢？」有趣的結果是，排名第一的是

嚴以律己的人，至於他要怎麼對待其他人不重要。而排名墊底的，則是寬以待己，而如何對待他人不重要的人。

如果條件不是「理想的上司」，改成「理想的朋友」、「理想的戀人」等，必然會有不同的結果吧。又，如果問「你自己是幾號？」應該會發現有趣的相關性。總而言之，我個人追求的目標是「嚴以律己，寬以待人」，你又追求著幾號呢？

跟同事討論答案的過程中，我想到從佛教的角度來看，應該用「慈悲」來代替「寬容」。慈悲的意思是「給予他人快樂，帶走他人痛苦」，所以代換之後就是：**①對人對己都很慈悲的人。②慈悲待己，嚴以律人的人。③嚴以律己，慈悲待人的人。④對人對己都很嚴苛的人。**

這麼一改，不管是誰的排名，第一名都是「慈悲待人的人」，至於對待自己如何無所謂。**懂得「慈悲待人」很重要**，尤其是面對一般認為是弱點的「天真」、「脆弱」時，應當展現「慈悲」、「寬容」的態度。

如果把「寬容」改成了「慈悲」，現在的你是幾號？又會以幾號為目標呢？

056

「造成困擾」這種事，
是「彼此彼此」

我從小在禪寺裡長大，所以母親經常告誡我：「不要造成別人困擾。」一旦我給人造成困擾，別人不只會說：「你不是住持的兒子嗎？」母親和身為住持的父親也會受到指指點點。

教師、警察、律師等應該以身作則的人，如果家中出現了不肖之人，社會輿論絕不會放過。

眾人會嘲諷說：「怎麼？平時訓人高高在上的樣子，結果自己也一樣。」不僅當事人自己會受到影響，人們甚至可能質疑那個職業全體的專業。

因此，從孩子還不懂事的時候起，就要嚴格管教，以免造成他人的困擾。

除了職業之外，緊密的地緣或家族間的關係，也同樣存在這種情況。這也是所謂「社會恥辱」的一種表現。

我因為這句「不要造成別人困擾」的束縛，無法隨心所欲、因而悶悶不樂時，問了母親：「只要不造成別人困擾，我就可以

做任何事嗎？」母親回答：「可以。」我聽了很高興，心想：「太好了！」但喜悅也只是一瞬間，結果還是不敢為所欲為。

後來我終於意識到：「困擾與否是由對方來決定，不是我。」即使我自認為不至於此，但只要對方感到困擾，那就是困擾。

反過來說，我也經常遇到我認為自己會造成困擾而有所顧忌，對方卻說：「我一點也不覺得困擾。」的情況。

困擾與否，完全是由對方來定義。

那麼我們該怎麼做才好？佛教是這樣認為：人與人之間是相輔相成。相互依靠、幫助才能活著，這是一種雙向扶持的關係。當你做了某事的時候，是否會造成困擾，要由對方來判斷。

相反地，遇到什麼情況會感到困擾，也是由你決定。假如你感到困擾，想想自己也可能造成別人困擾，所以要訓練自己的心不被干擾。我認為「就算自己會感到困擾，只要對別人有幫助就無妨」。

但是，遇到完全不在乎別人是否困擾的人，在說完平常那句「沒關係，有困難時互相幫忙」之後，還可以加上底下這句話，表達自己的想法：**「活在這世上，不外乎是我困擾你、你困擾我，我們彼此彼此。」**

057

計較「怎麼選更賺」反而吃大虧

　　有一句話我常說也常寫到，那就是：「損益二字只能用在經濟上，若用在其他情況會惹人厭。」

　　我是和尚，不需要生產商品賺錢，也用不著跑業務拉客戶，所以我能夠冠冕堂皇地說：「人生不能只看損益。」因為我擔心如果談起金錢損益，到時候「損益」就會變成各位衡量生活與整個人生的價值標準。

　　很多人認為替人做事自己會吃虧，就連擔任自治會幹部或聚會總召，都會先看有沒有好處；即使明白必須事情必須有人做，仍會痛嘴抱怨：「真的很麻煩。」態度一點也不積極。

　　用損益來判斷是否行動的人，沒人願意往來，所以單靠損益二元論闖天下，將來有一天勢必會被孤立。

　　等到上了年紀、形單影隻時才發現這點，就已經太遲。

　　因此，要**盡量趁年輕時修正軌道，學會「除了金錢之外，別提損益」**。

我如此修正軌道是在三十歲左右時。即使與錢財有關，也刻意不去用「損益」形容。如果B店比A店便宜的話，我會改說：「在A店買東西要花比較多錢。」而不是說：「在A店買東西會吃虧。」

　　也因此，就算把自己的時間花在別人身上，或做了什麼卻一事無成時，我也不會覺得是「損失」。

　　《大日經》中有句話是「方便為究竟」[1]，意思是悟道的手段（方便）事實上就是悟道的目標（究竟）。

　　我的目標是擁有寬大的胸襟，但胸襟變寬大，並不是因為我刻意去做什麼。「為了擴大胸襟而採取行動」這個行為本身，早就足以使胸襟變得寬大。幸好我有能力意識到這點，才能夠在準備用損益去評估胸襟寬大是否有價值之前，踩下煞車阻止自己。

　　不管我重申幾次，有損益上癮症的人還是會說：「我真的很想停止。」但他們很難果斷割捨吧，這種時候我反而要鼓吹他們用「損益」來衡量。

　　當你還在為了「怎麼選才是賺？」評估損益得失時，對你的心來說已經吃虧了。

1「方便」為「善巧的種種方法」，「究竟」則指「自渡渡他」的目的。指為了達成自渡渡他的目的，可以利用各種善巧的方式。

058

被討厭也無妨

────────────────────────

聽說在幼稚園裡玩扮家家酒時，很多孩子更想扮演寵物而非爸爸或媽媽的角色。他們之所以這麼做，是因為寵物可以無條件獲得大家喜愛。

然而，無論是多麼可愛的狗或貓，還是會有許多人害怕被咬，或是因為不喜歡毛沾到身上，所以不願意觸摸。連寵物皆如此，更不用說是與有個人喜好的人類往來，自然不可能被每個人喜歡。

有人喜歡我們，理所當然也有人討厭我們，或是對我們毫無想法。即使是最好相處的人，也可能被指責八面玲瓏。哪怕是再真誠的人，也會被懷疑背地裡有不可告人的行為。

即便如此，或許人類就是一種渴望被所有人喜歡的動物吧。我曾聽說嬰兒會透過笑容來博取大人的好感，以確保自己不受到傷害；只要受到大人喜愛，就能夠過得很舒服。

正如所謂的「伸手不打笑臉人」，對方如果喜歡我們，即使

我們犯錯，也不會發生致命危險。

然而，如果只把精力花在討人喜歡，就會不自覺扮演起一個迎合他人的自己，而非展現真實的自己，最終將會筋疲力盡。

特別是當「想被喜歡」成為「不想被討厭」的背後動機時，情況就變得棘手了。

從「想要被喜歡」變成「不想被討厭」、再變成「被討厭也無妨」的心路歷程，正好就是「擺脫他人評價、追求自我肯定」的過程。佛教教導我們察覺到自己具有與佛陀相同的本性，並積極肯定自己。

即使被討厭也無需在意，對方並沒有足夠的理由可用來否定你的一切，他們只是缺乏雅量去察覺你的優點而已。

拿著這本書的你，應該具有探索自身優劣的勇氣。我想告訴這樣的你，這世上沒有人比你更了解自己難堪的地方。

對於那些儘管如此還是不想被討厭的人，我有一個建議。那就是，你要喜歡上每個人。**你如何看待別人，遠比別人如何看待你更重要。**

059

在意他人視線之前，
先在意自己該做的事

據說，自卑於自己朋友少的人，會在社交網站上頻繁地分享和許多人一起拍的照片。

交朋友看似容易，實際上卻很困難。如果我們強迫自己去交朋友，就會變得阿諛奉承，對方也會感覺到你是以一種不尋常的親暱態度在接近他們，反而會想要遠離你。

不刻意去交朋友，才能夠以真實的自我與人相處。

假如你覺得展現真實的自我後，會沒人願意成為你的朋友的話，這就是自我改造的絕佳機會。因為你一定是覺得真實的自我有什麼缺陷，所以就去修正它們吧，你只需要成為自己也喜歡的人就行了。

聽說還有些人會擔心別人認為他們沒朋友、很寂寞。真傷腦筋。如果你確實是一個朋友少、很寂寞的人，嘗試以上面提的方法改善就好。去那些志趣相投的人聚集的地方，敞開心房與他們相處，沒必要為了交朋友去諂媚討好。

放下自己的主張等等，只專注在對方身上、傾聽對方說話，再表達自己的感受即可。你不需要說出自己的見解。

每個人都有兩個自我，「自己眼中的我」是第一個自我，「別人眼中的我」是第二個自我。第一個自我是「我認為我是這種人」，第二個自我是「可惡，你這樣說也沒錯……」，從別人的角度看到的我。

用來填補這兩者之間差距的，就是第三個自我，也就是敞開心胸接受「我就是這樣的人」，察覺對方「你的這部分讓我不舒服」的感受，進而創造嶄新的自己。佛教的修行就是在一個人的內在進行這三個步驟，也就是所謂的自我凝視。

問題在於擔心別人認為自己很寂寞的人。這種人在意的不是自己沒有朋友，也不是自己很寂寞，而是不希望別人這麼看待你。如果到這個階段，就已經病入膏肓了。當你缺乏「我認為自己沒朋友，我覺得自己很寂寞」這樣的第一個自我時，判斷自己的材料，就只剩下其他人對自己的看法，也就是第二個自我。

這就像是把自己該做的事情推給別人去做一樣。**在意別人的目光之前，你更應該花心思在自己身上。**

060

大家都為了自己的事筋疲力盡

我注意到我身邊有兩種人。一種人只知道談論自己，在與人交談時，即使話題與他無關，也會插嘴對旁人說：「對於你們剛剛聊的，我的想法是……」這種人雖然做事認真，但就是忍不住想要告訴別人自己正在做的事，或與他有關的事。

以結果而論，他是對別人的事情沒有太大興趣，以自我為優先的人。

另一種人非常在意別人如何看待自己。與人交談時，他講完自己的話後，就會偷看周圍有沒有人在關注他，此時談話已經進入下一個話題，所以不管他怎麼找，都找不到注意他的人。當他意識到沒人在看他時，他就會露出無聊的表情，即使有人在講話，他也會慢條斯理地檢查自己的包包或四處張望。

我認為這個人也是以自我為優先的人。

每個人看待事物時，都是把自己擺在中心，從而做出判斷，採取行動。不對，應該要說大家都只能這樣做。

除了自己之外，沒有人能夠替你決定應該怎麼做、怎麼想。

畢竟除了自己之外，再體貼的人也不會為你著想。

即使是捨身奉獻一切的人，說到「我想替他做點什麼」這句話時，主詞仍然是「我」。就算是有人叫你：「為這個人做點什麼吧！」時，思索「我必須為這個人做點什麼」的人，還是「我」。

在佛教中，客觀的物象（在周圍世界看到的）是由主觀的心識變現而成（內心投射），稱為唯識。

每個人在思考時、行動時，都只能以自己為中心。

從這個意義上來說，**每個人光是顧自己就用盡全力，再說，這種舉動完全不是壞事。**

有問題的不是以自我為中心，而是凡事只顧自己、不顧別人，以自我為優先。

如果將自己放在高過其他人的位置，那麼在這必須與人有交集才能存活的世上，將會寸步難行。

就讓我們對別人說的話抱持著興趣（如果不感興趣，你的感性恐怕變遲鈍了），試著不去擔心別人怎麼看待自己，重視體貼之心吧。

061

「無事的一天」才是最棒的一天

「唉，今天沒發生任何趣事，真是無聊的一天。今天世界各地應該發生了許多有趣又歡樂的事情，我卻與此無緣，度過了這麼枯燥乏味的一天，多麼無聊啊。」若這樣想，就證明你的感性變遲鈍了。

施展廚藝準備早餐是愉快的事。走在路上，觸摸伸手可及範圍內的樹幹和樹葉，也是一種愉悅。在上班或上學途中觀察人群，絕對看不膩。工作或課業上嘗試剛學來的新方法，也能帶來新鮮感。傍晚或夜晚散步時，看到的景物也跟白天時不一樣。

傍晚漫步在城市中，家家戶戶的晚餐香氣可以給你帶來明天菜單的靈感。看著自己在月光或街燈下的影子走路，就像回到童年一樣開心。

除了新出版的書籍之外，重讀以前讀過且覺得有趣的書也是一種樂趣。也可以去錄影帶出租店租借感興趣的影片觀看。

拖著疲憊的身子泡澡，會不自覺發出心滿意足的讚嘆。就像

這樣，平凡的一天有很多事情能溫暖我們的心，帶給我們驚喜及愉快。

光是接觸這些事物，就能讓這天變成最美好的一天。各位可以記住禪語中的「日日是好日」這句話。

佛教不建議做比較。幸福與不幸對自己來說是絕對評價；與人比較後，思考自己究竟是幸或不幸，就是不可靠的相對評價。

儘管如此，還是有人喜歡拿自己與別人相比，發現自己更優秀時，就會很高興、很放心。對這樣的人來說，若認為日子很乏味、沒半件好事發生的話，何不與倒楣的人比一比就好。與那些度過最糟一天的人相比，平淡無奇的日子反而是好日子。**無聊的日子並不存在。**

當我差點脫口而出「無聊」時，會想到：**「想要說無聊，或許是因為我的心靈濾網堵住了，通風不良所造成。」**

「無聊」是不是已經成為你的口頭禪了呢？

062

你能為他人的成功喝采嗎？

　　雖然沒有「別人的失敗是蜂蜜的滋味，別人的成功是嫉妒的種子」這種說法，但我們不自覺地就會在別人失敗時暗自高興、別人成功時感到嫉妒。

　　這種情況下，需要意識到的是自己的渺小，但我們總是被蜂蜜的滋味所迷惑，被嫉妒佔據心靈，就像切金太郎糖一樣，怎麼切，出現的都只有嫉妒。這就像是惡魔忘記自己是惡魔一樣。

　　如果可能的話，看到別人成功，我們應該歡呼說：「太好了！」並真誠為對方高興。話雖如此，卻始終辦不到。於是我開始思考：「究竟是什麼阻礙了自己真誠高興的心？」並試圖解決自己的心理問題。

　　是因為我分明努力想成功，卻被超越了嗎？這種心態，就像與第一名跑者參加同一場賽跑的其他選手會有的嫉妒，換句話說就是排名的問題。無論最後排名如何，只需要做好心理準備，朝著自己的目標心無旁騖地前進就行了。

是因為我本來渴望成功並獨攬所有關注，卻有另一名成功者出現分散矚目了嗎？這就像原本獨享父母關愛的獨生子，有了弟弟妹妹後無法再獨占父母的愛，於是變得任性一樣。父母的愛與他人的關注，就像分裂的細胞一般，即使對象變成了兩個，愛和關注也不會因此減少一半。這是我身為三個孩子的父親的看法。

是因為成功的人過著比自己更好的生活嗎？比如學生時代的朋友出人頭地了，既然走的是不同的路，即使對方成功，跟自己也沒有利害關係。然而你聽到消息後，最先感受到的卻是嫉妒，無法真心恭喜對方，這麼一來反而很困擾。

總是在與人相比，所以無法真誠為別人的成功而喜悅。

如果唯有透過與人比較，才能夠確認自己的位置，那麼不管看到或聽到什麼，都只會讓你像是一直在嫉妒和傲慢之間來回擺動的鐘擺一樣。

我們來練習不與人比較的生活吧。這個練習我持續了三年。

「我又在比較了」、「我又想要比較了」當你意識到自己又在與人比較、自我提醒幾百次後，心中的鐘擺最終會停下來。到時候，你就能夠由衷真心祝福他人的成功。

063

找出「憤怒的開關」

　　事先知道自己容易對什麼生氣很重要。佛教將不生氣視為一種美德，但根據我的經驗，知道什麼會讓自己生氣，比起不生氣更重要。

　　佛教告誡不可以生氣，是因為憤怒的起因往往潛藏著「無法如自己所願」的自私自利，而且是擾亂人心的情緒。憤怒（在佛教中稱為「瞋恚」）會接二連三引發種種煩惱，包括放縱欲望的「放逸」、失去專注之心的「散亂」、企圖加害他人的「忿」、攻擊他人弱點的「惱」、傷害對方的「害」等。

　　話雖如此，壓抑憤怒十分困難。我直到四十多歲仍然會因下列兩種原因而發火——

　　一種是「在公共場合亂丟垃圾的人」。他們邊走邊把垃圾丟在路上，或是從車裡隨意把垃圾扔出車外。我每次看到，心中總是怒意翻騰：「把垃圾帶回去！誰要幫你清理？」簡直就快要火山爆發。現在只要走在我前面的人把垃圾扔在人行道上，我

就會彎腰撿起來放進自己的口袋裡。我以前會問：「誰要幫你清理？」如今我心中已經找到答案：「沒人會幫你清理，既然沒有人幫忙，那就我來。」

另一種則是「用餐方式」。我至今仍然很輕易就會被這個原因惹怒，做不到置之不理。包括盤腿吃飯、手肘架在桌上吃飯，或是吃飯時嘴巴發出聲音；其中甚至有些人同時具備這三種行為，如果有這種人在旁邊，即使我正在用餐，也會立即離開。話雖如此，但這並不表示我吃飯的方式就很優雅；有機會和我同桌吃飯時，請不要期待我的用餐舉止。

再來，除了社會不公之外，我在日常生活中就很少會觸發憤怒的開關了。通常到接近憤怒的臨界點時，我就會面帶微笑地問：「你還好嗎？」表達擔憂。

令你憤怒的原因是什麼？事先知道這一點，也有助於保持內心平靜。

再來，建議你問問那些認為你生氣的原因沒什麼大不了的人，為什麼可以絲毫不受影響；也許當你聽到他們的回答時，也能輕鬆地平息憤怒，這樣一來，就可以減少一個讓自己心煩意亂的因素。

064

與其羨慕他人天賦，
不如起身挑戰

世上的確有些人非常厲害，以至於讓人自覺贏不了，忍不住想豎白旗悄然退場。有人形容他們的厲害程度是「百分之一的天賦與百分之九十九的努力」，但是很抱歉，百分之一的差距也很重要。或者我應該一如既往，不負責任地說：「懂得努力也是一種天賦。」

當差距如此明顯時，也就不會去嫉妒別人的天賦了。

我有開課教授一般民眾傳統佛教讚歌。各位可透過那些樸實的旋律，進入宗教情感的世界。讚歌的節奏與搖籃曲相同，每分鐘約四十三拍。佛教的歌曲能夠安撫人心，而搖籃曲能夠安撫嬰兒的心，所以兩者的節奏相同也是理所當然。

此外，每首讚歌都詳細指定了各種特殊的唱法。其中一種快速轉音的技巧，稱為「雅達利」。沖繩島歌、民謠和約德爾唱法也有廣泛運用到這種技巧，這是一種罕見的發聲方式。

受到詠歌魅力吸引的人不少，和我一起參加詠歌活動的婦人也是其中一位。她說：「我沒有天賦，所以必須比別人多練習十倍才行。」於是她瘋狂練習了半年。

由於她的努力，她在比賽中贏得了冠軍。接著她說：「一次的勝利是偶然，第二次是僥倖，唯有三次獲勝才能說明實力。所以我會努力爭取連續三次優勝。」

她的堅持讓人敬佩。由於詠歌是一種信仰的歌聲，所以不應該用名次來評價好壞，更重要的是要唱出更好的歌聲，而不是追求高分。

說實話，一位有天賦的歌手，恐怕只需要五分鐘就能唱出她經過半年訓練唱出來的詠歌，這種差距顯而易見。

每個人都擁有才能，也擁有潛藏的天賦，要喚醒這種潛藏才華，最好的方法還是努力。

另外一個方法是，**找擁有令人羨慕天賦的人提供建議。**也許這會成為你才華昇華的契機。

至少可以確定的是，只知道嫉妒別人的才華，無法讓你的才華昇華，而只會使它停留在萌芽階段。好了，起身挑戰吧！

065

是「天賜的」而不是「我的」

上中學第一次學到「我」的英文所有格變化時，我很震驚有「mine」這個所有代名詞存在。

只用一個單字就能表示「我的東西、私有物」，嚇到我這個母語是日語的人了。

提到中學生，這個年紀的孩子通常有一大堆想要的東西，渴望擁有的欲望就像膨脹的氣球，不斷地讓人想要將眼睛看到的、耳朵聽到的、手能碰到的一切都變成「我的」，為了物欲、佔有欲而煩惱。就好像是為了補強脆弱空洞的自己，而渴望著把各種物品牢牢地貼在身上般。

那麼，我們最早擁有的「我的東西」是什麼？

我能想到的是名字。父母替我們取的名字，在往後的人生中代表著我們自己。日本有一種不讓別人知道自己本名的文化，稱為「隱名」（現在也仍然有人使用筆名、網路暱稱等）。如此保護就是因為本名非常「個人」。

名字的賦予與我們的個人意志無關，因此，我們以個人意願，想要將其當作「我的東西」的恐怕是「父母」。

　　而這也就是父母在疼愛除了自己以外的孩子時，我們會吃醋的原因吧。

　　就像這樣，我們在成長的同時，開始陸續把各種事物當作「我的東西」往自己身上貼。不僅僅是物品，還包括知識、技能、財產、地位、名譽、人脈等，這些都被視為是我們的所有物，藉此打造出堅強的自我。

　　至於那些我們還沒有貼上身的，看起來美好、強大、漂亮的東西，或是貼上後可能獲得好處的東西，之後遇到時就會陸續想要得到。

　　如果別人身上貼著與我們相同的東西，我們就會覺得不舒服，所以這種東西也許不要渴求比較好。

　　我們必須擁有的是貼在內心而非外在的東西，比如說能夠讓我們更堅強的事物。佛教傳授的智慧與行動力、慈悲的實踐力等，都是有助於強化空洞內涵的事物。

　　對了，除了名字之外，有個更早之前就已經被視為「我的東西」的，就是這條命。這條命是我們最早得到的東西，而且完美到不需要加上任何補強。

　　日本文化習慣將這條命視為一種「天賜的」，而非「我的」。

　　也許拋開「我的東西」的觀念，我們才能活得更輕鬆自在。

066

嫉妒是因為「現在不幸福」

人的情感中存在著「嫉妒」這種麻煩的情緒。嫉妒一旦在心裡萌芽，就很難保持內心平靜。

佛教中一派稱為「唯識」的學派，把這些讓人難以保持內心平靜的情感和念頭，稱為「煩惱」，並進行仔細的研究。

在佛教的煩惱研究中，「嫉妒」寫成「嫉」，被列為由六種根本煩惱衍生出的二十種煩惱（二十隨煩惱）之一。

順便介紹一下，這六種根本煩惱是貪（對生存的執著）、瞋（憤怒）、癡（愚癡無明）、慢（對人的優越感）、疑（對佛道的猶豫）、惡見（錯誤的觀念）。

「嫉」就是嫉妒，是指對他人的地位、成功、財富、技術、知識等心生妒忌，並想要阻撓的心情。

「比較」也是這種情緒產生的關鍵。明明可以滿足於自己擁有的，卻總是愛和他人擁有的事物比較，反而害苦了自己。

阻撓他人的成功，甚至希望（比較之後）對方的地位低於自

己，具備這種「比較的惡性循環」特性的就是「嫉」。真是棘手的煩惱。

日語中的嫉妒，還帶著愛情方面的涵義。

「愛」是佛教的煩惱研究中，沒有單獨獨立出來討論的項目。因為儘管愛有不好的一面，但也有關懷、原諒、包容他人等優點。

雖然如此，一旦嫉妒與愛情扯上關係，內心就難以平靜。

《大辭林》中對嫉妒的解釋是「憎惡別人把愛情轉向其他人的行為，以及這種情緒。通常是指男女之間的感情。也作吃醋、妒忌」。

原本應該向著自己的愛轉到其他人身上時，所產生的情緒稱為嫉妒。幸運的是，我不記得自己最近幾十年來有嫉妒過誰。我想我是徹底被愛著的，甚至會擔心愛我的人過度把心力用在我身上，是不是該分給更值得關注的人。因此我大概與嫉妒無緣。

不管是怨恨他人時，或是向著自己的愛情轉向其他人而產生嫉妒情緒時，我都希望各位能保持冷靜進行分析，意識到**「我現在並不幸福，所以才會有比較的念頭」**。這樣做就可以找到幸福的線索。

067

從競爭社會退開一步
就能看到的東西

一對貧窮的老夫婦編出一頂頂的斗笠，由老爺爺在過年前夕拿去鎮上賣，希望能夠換到銀兩過個好年。沒想到年底這天下著雪，天候惡劣，所以老爺爺的斗笠幾乎沒有賣出，只得踏上歸途。

途中他看見路邊雪地裡有六尊地藏菩薩似乎很冷，於是老爺爺把賣剩的六頂斗笠給地藏菩薩們戴上，便轉身回家。老奶奶聽聞這件事很高興，稱讚老爺爺「做了好事」。

這對老夫婦睡到三更半夜，聽見外面傳來鏘鏘聲響，門前還有重物落地的聲音。

他們倆趕緊打開門一看，發現門外堆滿了米和衣物，抬頭一看，就看到遠處是六位地藏菩薩搖響錫杖離去的身影。

這就是大家所熟知的〈戴斗笠的地藏菩薩〉的故事。

在這個故事中登場的六位地藏菩薩，是分別活躍在六個不同世界的佛陀化身。

這六個世界（六道）包括只有痛苦的地獄界、充滿自私自利

之人的餓鬼界、全靠本能生活的畜生界、只論輸贏的修羅界（或阿修羅界）、有歡樂也有痛苦的人界，以及住著帝釋天和韋陀天神[2]等、壽命和樂趣都是人類數萬倍的天界。

我們仍舊迷惘（未能悟道）時，必須在這六個世界之間輪迴轉生，最後的下場都是死亡。

但是，以現實來說，我們活著時也宛如在這六個世界之間來回穿梭，一旦思考這種痛苦何時才能結束，就像是待在地獄一樣；假如說了任性的話，就會陷入餓鬼界；又如果我們任由本能妄為，就和畜生沒有兩樣。在競爭激烈的社會中，假如只顧著輸贏，就像迷惘徘徊在修羅界一樣。偶爾也做些像是人類會做的事情，或者偶爾產生升到天界的感覺。

然而，值得慶幸的是，佛教的世界不是競爭（修羅）社會。

成為和尚（出家）的年資，或者修行所獲得的階級順序，並不代表勝負。它代表著一個人為了把自身的煩惱轉化成良好的生活方式，經歷了多少修行，亦即他個人內在的位階。

只要從競爭激烈的現今社會中退開一步，就能看到自己不與人比較的原始樣貌。

因此，佛教教導我們要擁有超脫世俗的價值觀。

---

2 帝釋天和韋陀天神屬於佛教二十諸天（二十位天神）之一。帝釋天的音譯名為「釋迦提醒因陀羅」，意思是「能天帝」。韋陀則是中國佛教創造的人物。

068

「吵架」這種事很無聊

宮澤賢治的知名詩作〈不輸給雨〉中提到：「北邊有人打架打官司，就去勸他們別為了瑣事胡鬧。」

另一方面，印度神話中，日夜征戰的阿修羅在接觸佛教教誨後，便單方面停止與帝釋天的戰爭，自行宣佈：「這一切太蠢了，我不玩了。你如果還想打，帝釋大人，你自己打吧。」被拋下的帝釋天想必非常錯愕吧。

我們只要退開一步瞧瞧，就會對於打架、打官司等爭端的意義感到一頭霧水，直想說：「住手吧，太沒有道理了。」

但是，如果雙方為了面子堅持自己的主張、不肯妥協，無論最終結果如何，都會讓其中一方抱憾終生。

日本直到二十世紀仍然有出面調停爭執的「仲裁者」存在。以古裝劇為例，站出來說：「慢著，固然你們雙方都有理由，但我希望你們這次看在我的面子上，先把刀收回刀鞘中。」聽取爭吵雙方的意見解決爭端，並保住彼此面子的人，就是「仲裁

者」。到了現代，這種角色就相當於法院的調解委員。

最近的婚禮雖然已經不再有媒人參與，但他們的角色某種程度上至關重要。我告訴那些請我擔任媒人的夫妻：「你們如果吵架了，第一件事先要來找我。這就是我這個媒人的作用。」我默默認為，沒有媒人的婚姻愈來愈多，與離婚率的攀升密切相關。

此外，當遇見感情好的情侶或夫妻時，我經常問他們：「你們不吵架嗎？」其中一方通常會笑著回說：「無論我怎麼和這個人吵，他都不理我，所以我們吵不起來。」接著他們會相視一笑，繼續說：「反正船到橋頭自然直。對吧！」聞言，我會禮貌地道謝說：「那就好，感謝你們的分享。」

一個人是吵不起來的。需要有主動挑釁的人及被挑釁的人，爭吵方能成立。

剛開始只有主動挑釁的一方激動，一旦被挑釁的人也參戰，雙方會更熱烈。因此，被挑釁的一方最好趁著冷靜時判斷：「這場爭執有用處嗎？有意義嗎？」

即便最後仍然被捲入爭執，也應該找個仲裁者來。

無謂的爭吵下，不管贏的是誰，都只是讓人看清你們的愚蠢而已。

069

別自戀，別炫耀，別自傲

　　如果自己做的事情只要自己滿意就足夠，那就像在劃下句號，表示「事情到此告一段落，圓滿落幕」。但如果我們所做的事情包括「讓別人知曉我們做過的事、獲得認可」，情況就變得很複雜。

　　本來只需要滿足自己就結束，可以打起精神來，帶著煥然一新的心情投入下一件事。可是當我們貪圖虛榮，想要向人炫耀，事情就還沒有結束。這就好像在加班一樣，是因為擔心別人的評價，所以是多餘而棘手的。

　　實際上我也做過類似的事情。

　　進入二十一世紀後，早已遠離寺院和僧侶的都市居民們，帶動一股認為僧侶與寺院應該更加積極參與社會的風潮。社會大眾開始質疑：「寺廟和僧侶到底在做些什麼？」我出生於一九五八年的東京，在年齡上和地域條件上，我都最有資格回應這股風潮，因此從三十多歲到現在，我一直在努力奮鬥，把寺院打造成

佛教的主題樂園，為了把佛教外送到不來寺院的人面前吃盡苦頭（撰寫書籍也是其中一環）。製作官網、寫部落格則又是一番千辛萬苦。也曾猶豫過，像這樣把這些事情寫出來，是不是在吹噓炫耀自己的成就。

佛教原本就是要我們遠離一般社會的價值觀，靜心反觀自我以達覺悟。因此從佛教精神出發，寺院和僧侶始終認為與社會保持一定距離是理想的做法。讓社會大眾知道「寺院和僧侶也有在做事」，我認為這種求認同的行為就像一種加班。

然而，現在有愈來愈多的僧侶認為，寺院應該更積極地開放、僧侶應該走出寺院。這似乎的確對社會有所貢獻，所以我覺得這種趨勢適合繼續保持。

不過，若想要炫耀自己所做的事情，應該在炫耀之前，先想想自己的成就背後有多少人的幫助。

就算只看今天一整天的成就，也能看出我們得到的幫助，遠遠超過自己完成的事情。

070

人生一帆風順的祕訣
不是「金錢」而是「人品」

錢在世界各地流通，何時來到我們手上，取決於時運。即使來了，也多半不會停留，而往往是匆匆經過我們面前。我們看到錢停留在其他人手上，或許會很懊惱；但錢依舊不會長長久久留在那裡，因此我們也沒有必要羨慕。

《佛遺教經》中提及了「五欲」。

五欲指的是想看、想聽、想聞、想吃、想觸摸這五種欲望。而金錢在滿足這五欲上，顯然能夠發揮很大的作用。

佛經中提到，五欲源於生活所需的五感（眼、耳、鼻、舌、身），如果不能妥善控制，其後果可能是「自我毀滅，惡名昭彰，有時甚至世代流傳，禍及後代」。

五欲的主人是我們的心。這種心靈作用有時比毒蛇猛獸更可怕，比熊熊烈火更強悍。

任性會養成習慣，若放置其任意發展，往往會造成無止境的傷害。因此，經文也警告：「應該控制你的任性欲望時，不要拖

延。」你也應盡早控制住在金錢方面為所妄為的任性欲望。

人前最好不要談論「虧了多少、賺了多少」的話題。討論這種事，人們可能會認為「這個人受金錢擺佈」、「他可以為了錢不擇手段」，通常也會因此失去好不容易建立的信任。

沒錢可以想辦法，看是要把所有零錢都存起來，或是利用集點卡都好。買來的食品當然也要在壞掉之前盡快用完。

「愛惜」的精神是日本人的美德，也是窮神最害怕的武器。「愛惜」生活終將幫助我們趕走窮神。

「窮人愚鈍」的意思是，人一旦貧窮，就會遭遇很多苦難，使才智減退，品德下降。

原來這世上有許多人是因貧窮生活的擺佈而失去品德。但有錢人裡愛炫富的無品之人也不勝枚舉。

想要活出一帆風順的人生，才智比運氣重要，人品又比才智重要。

為了培養出所需的人品，我們要善用金錢；沒錢也無妨，就另闢蹊徑吧。

5

有些事
不必在意

第 5 章 ——————————— 讓人生變簡單
的提示

071

說出「感受」而非「思慮」

下面是我與一位太太的對話。

「大師，我最近必須在眾人面前講話，但站在別人面前，我會說不出想說的話來。該怎麼辦呢？」

「妳在別人面前會說不出話來？我一直覺得妳不食人間煙火，果然妳老公不是人類，所以妳才可以跟老公講話？」

「大師又在開玩笑了……」

與家人、朋友的日常對話，應該沒有人會覺得困難吧？因為這種時候的對話，不需要刻意構思、預設立場或擺出說教語氣。

有一位資助人（檀家）認為我每個月要在公開場合演講幾十次，應該是演講專家。我在禮佛方面是專家，但在演講方面不是，所以必須費盡苦心練習。

即使是現在，我在眾人面前演講時，仍無法直視他人的目光，也就是說我無法「與人面對面」；但在私下說話時，會盡量「注視對方的眼睛」。當然，我不會做出把人頭當成西瓜的失禮

舉動，也不會為了克服羞恥心，而愚蠢地在街上大聲說話。

與不太熟悉的人開會或參加宴會時，必須掌握的重要時機有三個：**①不該說話的時候。必須保持沉默的時候。②可以說也可以不說的時候。③必須說話的時候。絕對不能保持沉默的時候。**

辨別時機很困難，我在這方面也經常失敗，在不該說話的時候說話，可以不說話的時候滔滔不絕，必須發言的時候卻又保持沉默，往往讓其他人（尤其是家人）蹙眉不悅。

要能夠下意識辨別出時機、說出想說的話，需要的是在別人說話時認真傾聽。

而且不應該一邊聽，一邊思索自己得說什麼。

當我們必須發言時，只要表達當下的感受就好，而不是說出事先想好的話。

若因想說的話不能說就覺得介意的人，先問問自己是否認真傾聽別人說話了？是否認為說出自己預想好的話語，比表達感受更重要？

這樣做，你才有機會更順利地說出想說的話。

072

對話的基本，唯有「誠實」

日本放送的播音員村上正行（一九二四～二〇〇五年）曾說過，希望能夠看著聽眾做節目、感受現場氣氛。於是後來他成為了日本第一位街頭播音室的廣播節目主持人。

我父親有段時期曾是村上先生的節目來賓，所以村上先生對我也很是照顧。比方說，答應在我擔任住持的寺院裡舉辦「說話技巧」的讀書會等。

村上先生教我的說話奧義，至今仍是我的寶物。

「說話就像是在玩投接球，而投接球的基本就是要投出對方容易接到的球。不需要投出快速球或變化球唷。」不理會對方是否做好準備就自說自話，這種行為違反日常會話的規則。

「說話的基本技巧是不做作、不矯飾、不高高在上。」這就是為什麼在慶祝會等場合，重要來賓的致詞往往都很枯燥乏味。

只因為在人前說話，就變得做作、矯飾、高高在上，與平常閒聊時不同。

開場就說：「本人十分榮幸能夠在今天……」這就違反了說話的基本。跟平常一樣說：「很高興今天……」聽眾才會願意把你講的話聽進去。

「在日文裡，『說話』與『離開』、『發出』的語源相同。至於要『發出』什麼？要發出我們的想法。對別人發出我們心裡的想法就是『說話』。因此，**我們表露心聲時，不能帶著傷害對方的念頭。要時刻擦亮心靈。**」

佛教徒十戒中的不妄語（不說謊）、不綺語（不說華麗的話）、不惡口（不使用粗暴的言語）、不兩舌（不說兩面討好的言論，不道是非）等，都是在告訴我們說話要誠實。

村上先生教導我「對話的投接球」、「不做作、不矯飾、不高高在上」，以及「安心敞開心房說話」，其實都在訴說同一個道理，**就是要養成誠實的心，凡事誠實傳達即可。**

只要注意這三點，三年後，你的說話方式就會改變。

即使不能完整表達出自己的意思，也要條理分明，讓對方聽完覺得心裡舒服。

就算意思表達得不夠完整，但更重要的是你的心與話語中的誠實。

073

表達意見時，留心「說話順序」

人們往往習慣把最想說的話留到最後才說。

比方說，情侶之間說「你真笨，但我喜歡」是想表達喜歡的心情，所以如果弄反就糟了。「我喜歡你，但你真的很笨」就很有可能演變成分手。

不管是工作還是私生活，在過了忙碌的一週後，如果說：「這一週發生了許多事情，不過，這就是人生。」表示你接受這一週承受的所有好事與壞事。把這句話反過來說：「人生固然總會有很多情況，不過這一週也過得太刺激。」就是在抱怨自己被折磨得筋疲力盡。

不僅說話的一方會有這種心態，聽人說話的一方也一樣，只會記住最後那句話。

如果聽到有人說：「那個人說話雖然難聽，但其實個性很溫柔。」就會留下溫柔的印象。反過來，聽到人說：「那個人雖然溫柔，但說話很難聽。」他們與對方往來時就會小心。

父母、老師、上司經常會使用這種心理來訓練一個人。

例如：「你雖然不把玩具收拾好，但吃什麼都不挑，很了不起。」、「你雖然學校成績差，但很替朋友著想。」、「你雖然工作做得差強人意，但問候是全公司做得最棒的。」

聽到這些話的人會感到高興，並坦然接受前半段的批評，進而開始收拾玩具、好好用功、用心工作，這就是父母、老師、上司這樣說話的用意。

有些人會刻意這樣做，但真正心地善良的人是自然而然地這樣做。像我這種就算是刻意去做，也無法把稱讚的話擺在後面說，結果讓對方感到失望、甚至生氣的人，想來性格十分扭曲吧，真是悲哀啊。

即使是我這樣的人，**聽到那些自然而然鼓勵和同理他人的話語時，也會想要實踐看看**。因為我相信，佛陀一定也是以這種方式說話。

因此，我正在努力的是，假如又不小心把難聽的話擺在最後說了，再來要怎麼打圓場補救。

「你對別人很寬容，但是對自己也很寬容呢。啊啊、不過，也不是說嚴苛就是好事啦！」我希望盡快消除最後那句話的「刻意感」。

074

夜晚要安靜度過

我喜歡演化論中所提，「人類是從猿的祖先中分化出來，開始直立行走，將生活範圍從樹上延伸到草原」的說法。即使成為佛教徒，提昇了精神生活，但有遠古人類的記憶、生物本能等知識作為基礎，我更容易接納自己的存在。

因此，當家人相勸：「你最好去慢跑，多少活動一下身體比較好。」我仍然沒有半分出門的意願，因為「動物只有在捕食獵物或為了不成為獵物而逃命時會奔跑」。

同理，我認為人類應該在白天工作，在晚上好好休息。這是非夜行性動物的天性。盡量遵循天性，自然就能夠活下去。

佛教對於出家人的夜生活並沒有太多規定，頂多是用黑夜比喻自己的心無明，並將月光比喻為照亮心靈黑暗的智慧。

這是因為晚上休息是理所當然且再基本不過的事情吧。

人類自古以來就認為夜晚是魔物徘徊的時間。民間有「夜晚不要吹口哨」的迷信，可能是單純恐懼潛藏在黑暗中的魔物靠

近，也因此，夜晚不外出很合理。

此外，夜晚有助於恢復白天活動過後處於疲勞（氣虛）狀態的身心，少量的酒精也有幫助。

夜晚也可以幫助我們重新認識光明的力量。與白天的陽光不同，夜晚的燈海、煙火以及微弱的光亮都很美好。據說夜晚能使美麗的事物看起來更加美麗。

在現代這個二十四小時營業商店理所當然存在的媒體、網路社會中，有些人可能會覺得什麼都不做的悠閒生活是一種浪費。

然而，他們白天工作、晚上娛樂，使得身心過於活躍，因此沒有冷靜下來的時間。

白天忙碌的人，夜晚最好安靜度過，才可以恢復身心平衡。這道理就跟努力工作完就該休息一樣。

按照各種節日生活的人活得很認真，因此他們的一整年也往往過得很充實。要過這種生活，最基本的方式就是將一天中的白天和夜晚、動和靜的時段區分清楚。

今晚就試試安靜度過吧。

075

減少「偏食與偏心」

　　我在擔任小學家長會的幹部時曾經想過，那些對人有明確偏好的人，在飲食方面大概多半也很偏食吧。

　　我和那些對人偏好明確的媽媽們一起用餐時，發現很多人都會說：「那個我不能吃。這個也不行。」表達自己的偏食。

　　這樣的態度彷彿像是在說：「大家對於人與食物當然都有自己的好惡，這樣有什麼不對嗎？」但真的是如此嗎？要求孩子「不能偏食」的母親自己卻偏食，想必孩子也會無所適從。

　　有些家長可能會勸告他們的孩子說：「不可以偏食。」孩子回道：「可是媽媽自己不是也有不吃的東西嗎？」家長只能反駁：「別人是別人，自己是自己。」給予這種「自私」建議的家長似乎很多，這有可能讓原本前途一片光明的孩子走上充滿波折的人生。

　　吃東西不偏食，有助營養均衡，也為我們帶來更豐富多樣的飲食生活。

同樣地，對人不偏心，人際關係才會更平衡，人生也更有深度。很多人即使明白這道理卻仍然偏心。**與其擔心「我挑剔又自私」，不如試著找出你與你厭惡的人之間的共同點。**

相同世代、住在相同地區、在相同公司工作、有相同的困擾、過著相同生活⋯⋯等，應該能找到許多共通之處。如果能夠意識到這些共同點，你對他的厭惡將大幅減少。

我在飲食和心靈的關係中，還注意到另外一件事，就是「嗑飯」這種講法。很多說「我們去嗑飯」的人，用餐時的舉止會給人一種不太有禮貌的印象。

進食是活下去的基本，卻對這件事用詞粗魯、態度隨便，這也會讓你的人生與人際關係變得鄙俗。

孩子們集合在寺院裡用餐時，我們會一起說以下的內容：

用餐前，說：「每一粒米都蘊含著萬千人的力量，每一滴水都充滿天地的恩典。我們會心懷感恩好好享用。」

用餐完，說：「感謝佛祖和眾人的恩賜，我們享用了美味的食物，餵養身體，端正內心，並感謝一切惠賜。多謝款待。」

如果你不是佛教徒，「佛祖」可以省略。就算小聲說也無妨，試試吧？

076

用心生活，
可鍛鍊「不在意的力量」

　　我和一位三十七歲、有兩個孩子的編輯談話時，他說：「我最近想要更用心地過好生活。」

　　上次聽到「用心生活」這個詞，已經是十五年前了。十五年前的我只是認為「用心生活」是好主意，但想完也就拋諸腦後了。從那之後，我只是一直全力以赴、埋頭苦幹地活著。

　　因此，我趁著散步、洗澡、抄經等的空檔，重新思考了究竟什麼是用心生活。

　　查字典就會看到，「用心」是「細心入微，注意到細節」，以及「言行舉止禮貌得體，帶著真心誠意」的意思。嗯，好像看得懂又好像不是很懂。

　　我明白言行舉止禮貌得體，帶著真心誠意是「用心」，但字典中沒有指出如何做才能變得用心。當然啊，字典才不會寫到那麼詳細，接下來就要靠每個人自行推敲。

寫文章用心，看書用心，工作用心，說話用心，吃飯用心，沐浴用心……

　　用心和慎重看似相似，但語感不同。那麼，實現用心的基礎究竟是什麼呢？

　　目前我的結論是「對某事物感到珍愛、無可取代，就會變得用心」。要用心寫文章就必須認為讀者很重要、認為與讀者之間的緣份無可取代。

　　想到這裡，我很驚訝——在過去十五年裡，我從未想過要用心生活。換句話說，我只是一直全力以赴、埋頭苦幹，並不珍愛自己在做的事情，也不覺得它們無可取代。

　　你現在是如何生活呢？是全力以赴？埋頭苦幹？還是盲目奮鬥？得過且過？又或是身不由己？各位不妨好好思索一下什麼是用心生活。

　　當你感受到珍愛與無可取代的心情，並開始用心生活時，煩惱和焦慮將不知不覺地消散殆盡。

077

「金錢」只是手段而非目標

在電視節目等的街頭訪問中，每每問到「你現在最想要什麼？」時，最常見的回答就是「錢」。我每次聽到這個答案都會很錯愕。

如果是我，我可能會回答「心靈的安定」或「幸福」。當然，每個人想要的東西不同，但錢不過是為了達成目的的手段而已，這讓我感到困惑。

這就好比問一個想要放在高處物品的人「你現在最想要什麼？」他卻回答「梯子」一樣令人匪夷所思。

一旦將手段視為目標，你就會被它左右。

以和尚為例，就好像是以悟道為目標，卻整天只沉迷於剃髮一樣。研究哪種剃頭刀最好用，搭配哪種乳液可以緩和剃完頭髮的刺痛，然後滿足地想著：「今天剃得很乾淨，一點刺痛感都沒有，很舒爽。」卻沒有意識到悟道的目標已經消失無蹤。

佛教認為，為了避免這種情形發生，最好不要擁有財產。

因為一旦擁有財產，人們就會貪得無厭，開始執著於想要累積更多。

我們繼續回來談錢吧。

錢是人活著必須具備的手段。若問錢要花來做什麼（不花錢就沒有意義），那就是確保我們有食物、衣服、住處，所以為了食衣住、為了活下去，我們不能沒有錢。

因此，如果有人提供免費的住處、給予食物和衣服，我們基本上就不需要錢了。

哎，還有一件事不能忘記，那就是納稅也需要錢。也許有人會想：「僧侶也要納稅嗎？」實際上和尚也跟大家一樣要納稅。我是領月薪的，只不過寺院土地和建築物的固定資產稅，以及信眾捐贈給寺院的所有捐款是免稅。

錢是為了活著、為了取得衣食住等必需品所不可或缺的工具，少了衣食住，我們就活不下去了。換句話說，如果沒有錢取得衣食住，那我們只能勇敢地面對命運，準備接受死亡。我認為，納稅即是為了避免這種情況發生，讓大家互相幫忙。

078

停止對資訊「暴飲暴食」

進入資訊化社會後，我對於「什麼？你不知道嗎？這很有名欸！」這種問句感到很困擾。即使年輕人會改用敬語對我說：「什麼？您不知道嗎？這很有名呢！」但兩句話想強調的同樣都是「我知道，你卻不知道」。

我在二十幾歲年輕氣盛時也常說這句話，所以現在聽到這句話格外在意。

幸好當年我問：「你不知道嗎？」時，人們只會很巧妙地帶過：「原來如此，我不知道。」不過也因此，使我一路得意忘形直到四十歲。後來我才注意到，趾高氣昂容易樹大招風。

我們不知道的事情遠比知道的事情更多。只因自己知道，便以瞧不起人的語氣問「你不知道嗎？」免不了會招來自負、傲慢、得意、不遜、高姿態的指責。

然而，所謂「知是一種樂趣」，對於充滿求知欲的人來說，現代社會就像是天堂般快樂。

即使不去圖書館、不問人，只要上網搜尋就能查到想要知道的資訊（是否正確就另當別論）。去車站的話，也會看到許多工作、美食、住宅相關的免費報紙。

我也屬於「一遇到不懂的，就想要立刻調查」的類型。雖然我只收集廣泛淺薄的知識，不過專注深入探索特定領域的樂趣亦是無窮。

佛教也建議和尚不僅要學習自己所屬宗派的佛學，也要廣泛研究奈良時代（七一○～七九四年）和平安時代（七九四～一一八五年）的佛教概況，這稱為「八宗兼學」。

然而，佛教是有了實踐才得以成立。就算懂得再多，如果不能以此為本，實際走上悟道之路，這些知識就沒有意義。我們甚至可能會沉淪於知的樂趣中，而落入對資訊暴飲暴食的陷阱。所以和尚銘記實踐行動的重要性，用心提升自己，在別人需要時出手相助，動員豐富的知識，結出「智慧」的果實。

知識只不過是幫助我們活得更好的手段罷了。

凡事都是如此，各位要謹記，千萬別把心思全擺在手段上，偏離了原本的目的。

079

沒有大支援,小幫助也足夠

從古至今,總有許多人無法置他人的苦難而不理,內心渴望能夠伸出援手幫助他們。

日本自從一九九八年施行非營利組織法後,慈善團體受到法律保障並享有節稅優惠,相關活動因此變得更加活躍。在政府無法顧及的地方,有愈來愈多秉持信念的組織開始伸出援手。

你身邊也有實際在參與志工活動的人吧。他們看到招募志工,便去主動報名,表達小小的支持;後來發現這些活動的精神崇高、行動具體,而且團結意識深遠,非常有魅力,因此有些人也著手成立自己的團體,希望能夠為更多人提供更細微的關懷、更龐大的支援。於是本來只是以一介志工身份提供小幫助的人,發展成為志工團體的負責人,進而能夠提供更大的支援。

需要幫助的人都能夠獲得妥善照顧,才是一個理想的社會。話雖如此,也不用認為每個人都必須要去幫助他人才行。身心疲憊時去幫助別人,有時會反而會讓自己變得需要被幫助。不必堅

持要提供大支援，小小的支持也很有意義。

　　包括三十五歲悟道的釋迦牟尼在內，佛教各宗派的開山始祖也都曾經為了拯救受苦的眾生，傳授各種教誨。這也算是一種支援行動。

　　假設有人因釋迦牟尼的教誨而脫離苦海，對這個人來說，釋迦牟尼是給予了他莫大的幫助。然而，釋迦牟尼無法一直陪伴他、教導他，而是要前往幫助下一個受苦的人。

　　對釋迦牟尼來說，教誨一個人只是小小的幫助，即使努力弘法，一個人能做的事情也有限，因此他培養了弟子，讓他們也參與弘法活動，以救助更多的眾生。

　　由此可知，**你提供的幫助是大是小，全由接受幫助者決定。**

　　提供支援的一方，不必因為幫助小而感到抱歉。

處不來就盡量保持距離

我不僅參與自己寺院的活動,還經常加入年輕僧侶的聚會、家長會等。與人往來的機會增加的同時,遇到棘手對象的機會也增加了。

對方也會感受到我的想法,導致彼此的關係變得尷尬。

但,即使處不來,我仍然必須和對方相處。隨著那些令人困擾又討厭的日子增多,我開始思考該如何解決。不是想要改變對方,而是想要改變自己,別再抱著對方難以相處的念頭。

就在想方設法改變時的某天,我注意到「**我不是討厭這個人,而是討厭他的特質或特色**」。那是在將近四十歲的時候。

現在回想起來,儘管以前就聽過「對事不對人」這種說法,但我以為這句話只適用於批評。

只要把這句話中的「事」換成「自己不喜歡的事」,意思就成了「針對不喜歡的事,不針對人」。

那些讓我覺得棘手的人,具備的「(對我來說的)困擾」特

質究竟是什麼？比方說，不理解或不願意理解別人的感受、刻意刁難、認真得太死板、嚴以律人寬以待己、不做應該做的事情、懈怠懶惰等。

只要你能說出「他的這部分我不欣賞」，那部分就是你感到困擾的真正原因。那種屬性或許也存在你的心中，卻由於其他人將那一面清楚展示在眼前，因此你變得格外敏感。

我實際採取的處理方法是，與擁有我不喜歡的特質的人保持距離。

密宗以一幅形似迴路圖的大悲胎藏曼荼羅傳世，展示了諸佛的慈悲如何與我們的慈悲心相連。圖上最外側，則畫著餓鬼、鬼怪等等。

由此可知，**「壞的特質應該放在遠離自己心靈的地方」**。

同時，我們也必須修正其他人展露給我們看的、潛藏於我們心中的不好特質。其他人將那些自己沒有意識到的部分明確地展示出來，所以我們應該要注意到：「啊，原來我也有那一面，這樣可不行！」並將其視為磨練自己的機會。

081

電話、電子郵件、社群網站……
減少與人連結的方式

由詩人石田道雄作詞、山本直純作曲的〈上一年級後〉，是一首充滿夢想、希望在成為小學一年級生後，能交到一百個好朋友，和朋友一起吃飯糰、一起奔跑、一起歡笑的快樂童謠。內容正好與東日本震災重建的關鍵字「絆」相呼應。

人類是群居動物，因此只要察覺到與其他人斷了連結，就會感到非常不安。有人說，如果與人分攤，痛苦就能減半、而樂趣將會倍增。

中學時，我曾從一句英文佳句中得到啟發：「朋友就是財富，因此請原諒我貪婪地想要擁有更多。」於是從那時起便努力結交大量朋友。我想我可能是很怕孤獨的人。但多虧如此，我每年要寄出五百多張賀年卡，給我能夠想起長相的對象。

然而，並不是所有認識的人都會成為朋友。網友通常只是彼此認識，或者認識對象的認識對象而已。

朋友的朋友對你來說只是陌生人。他們既非絕不會背叛你的

朋友，你也有可能背叛他們。如果弄不清這一點，你將會被這些打著朋友旗號的烏合之眾玩弄於股掌之間，最後疲憊不堪、遭背叛、被中傷、受到傷害。

網路社群的朋友，是一群只有在某些特定議題上才能產生共鳴的人，不會再多也不會再少。最好不要認為他們是可以無條件信任的朋友，畢竟即使是真正的朋友，當周圍環境發生變化時，互相背叛也是很常見的事情。

如果查閱《新明解國語辭典》中的「絆」一詞，會發現其涵義為：「①在家庭成員之間自然產生的情感連結，或是密切往來的人之間不易切斷的一體感。②由於某種契機而使一直以來疏遠的人之間產生的必然聯繫」。

但是，在中日辭典《漢字源》中，「絆」並沒有任何正面的涵義：「（名詞）用來束縛馬腳的繩子。又指束縛人的義務，人情等。（動詞）綁。使行動受到限制。」

換句話說，一個不小心，「絆」就有可能限制你的行動。**為了填補寂寞而過度追求「絆」，可能會使你失去心靈的自由。**你是否也能夠放開連結、獨立生存，並且擁有柔軟又堅韌的心？

082

別再說「可是」

將佛經抄寫下來的行為稱為「抄經」。抄經是能讓內心平靜下來、看清自己，獨自進行的修行方式。除此之外，還有一種修行方式稱為「畫佛」，是將佛的形象描繪出來。每次都可以畫下不同的佛像，所以適合容易厭倦的人嘗試。

自從我開始在寺院舉辦畫佛會，就對於尋找描繪用的底圖產生了興趣。我不只找精緻的底圖，也找可愛風格的底圖。有一次，我在旅遊景點的禮品店發現了印有可愛地藏菩薩圖案的兒童禮物袋。

於是我稍微改編了這幅插畫，不知不覺間便沒有參照原本的圖示、自由發揮，變得短短三十秒左右就可以畫出可愛的地藏菩薩。

我推廣佛教的活動也因此大幅擴展，不再只是拿毛筆在明信片寫下意味深遠的箴言，還加上地藏菩薩插圖，給人留下柔軟的印象。

我親手寫下、畫下大約一百二十句不同的箴言和地藏菩薩，內容包括：「別誤把幼稚當年輕」、「別把得失一詞套用在人生上」、「餘生不是多餘的人生」、「未來再沒有哪一天比今天更年輕」、「沒有寶石會自行發光，所有光芒都是外來光線在寶石內部散射產生。少了研磨寶石就無法發光」等。值得感謝的是，每年大約有五百張明信片會寄送到日本全國各地。

我朋友看過這些箴言後，說：「名取大師選擇的箴言，很多都是否定語氣呢。」聞言，我有些錯愕。仔細一想才發現的確如此。前面提到那幾句箴言，很顯然都是否定語氣。

否定語氣的箴言固然容易吸引目光，但也帶著荊棘。而我很清楚，**肯定語氣更容易觸及人心**，所以第一時間就慌了。類似的情況也常出現在日常對話中。

當你希望情況符合自己的預想，卻無法這樣時，就會出現「但是」、「可是」、「然而」等否定連接詞。這些連接詞經常出現在現實與理想之間產生落差時，以及陳述不能做或不去做的原因前面。

不過，積極正向的人，反而會在努力接近理想型態時使用這些詞。例如：**「現實情況是如此，但是（可是、然而）事實上應該要這樣，所以我們去做吧，讓我去做吧。」**這種形式的否定，就沒有消極的意思在了。

常用否定語氣的人可以參考看看，使人生變得積極正向。

083

妥善管理情緒與表情

從有記憶以來大約三十年的時間，即使我並沒有任何情緒反應，也經常被問道：「你在生氣嗎？」

我的家人沒有理會我的困惑，冷冷地解釋：「因為你的臉看起來很臭。」

剛開始聽到這句話時，我還會辯解：「佛祖也是臭臉啊。」但是，相較於我的臭臉是缺乏感受力所造成，佛祖臭臉是因為祂在冥想、凝視自己內心，兩者的差別就像蛇和牛一樣（這個比喻出自佛教寓言，講述同樣是水，蛇喝下會變成毒液，牛喝下卻變成牛奶的道理）。

表情是心靈之窗。開心時會笑，痛苦時會露出難受的臉，有煩惱就會顯得陰沉，覺得無聊就會是一張淡漠的臉。

孩子們的臉上會直接表現出喜怒哀樂的情緒，很容易理解，而成年人也會笑著接納他們這種坦率天真的反應。

這是因為在成年人的世界，坦率表達情感會被視為「不矜

持」，是不合宜的反應，所以大人們常常羨慕能夠坦率表達自己情緒的孩子。

成年人的情感表達也能反映出他們的人性豐富與否。

已經來到捷運的車廂前，車門卻當著自己面前關上，這時候選擇自己苦笑，或對周圍其他人露出尷尬微笑，是一種人性表現；不滿地嘖一聲，也是一種人性表現。在與自己沒有利益關係的場合展示喜怒哀樂表情的人，在其他人看來更容易理解和相處。

但是，對有利害關係的對象明顯表現出厭惡的人，很難與對方維持良好的人際關係。假設一對戀人或夫妻想要分手，據說只要連續三天說「我討厭你」，關係就會在三天內破裂。態度明顯便會導致這樣的結局。

如果你擔心損害人際關係，那麼最好訓練自己不會面露厭惡。別任性地說你不想對自己的心撒謊。

俗話說得好，**「不說謊是最好，但也用不著說真話」**。你不必對自己說謊和強顏歡笑，但也沒必要在臉上表現出內心的不悅。

在社會中，我更在意「自己心中的好惡」，而不是擔心破壞人際關係。畢竟**能夠喜歡每個人，你的人生會更美好**。佛教的佛祖沒有好惡，佛祖在無緣（不具特定緣份的絕對平等）境地中接待我們。

084

以「不擁有」的生活扭轉人生

　　我曾經問一位日本文學教授的和尚前輩：「如果你要去一個不用擔心食物的無人島，而且只能帶一樣東西去，你會帶什麼？」他的答案是三省堂出版的《新明解國語辭典》。從那時起，我也總是把這本辭典放在手邊。

　　這本辭典的解釋十分獨特，前所未見。舉例來說，「公事」¹是「活在這世上必須履行的事情。如：參加法會等」。這個舉例，讓我這個舉辦法會、接受布施的人內心有些難以平靜。

　　另外，關於「公僕」的解釋是「為國民服務（而不是為了行使權力）的公務員通稱。（然而，實際情況卻與理想相距甚遠）」。

　　這本辭典真是傑作，我完全能理解前輩為什麼想帶它去無人島上。

　　回歸正題。僧侶有各式各樣的稱呼，其中之一是「方丈」，指住在一個長寬約三公尺的方正小屋裡的人。方丈的生活非常簡

樸，只需要一個托缽的缽子和幾件衣服。雖然現代已經不再是這樣，但果然還是沒有太多物質負擔的生活，更加輕鬆自在。

相較於「擁有」——亦即滿足物質欲望——所帶來的好處，我認為「不擁有」的生活更能帶來精神上的解放。「不擁有的生活」可以扭轉人生。

生活所需要的物質並不多，除此之外的都應該當作沒有也無妨的東西、多餘的東西。我建議把這個想法放在心靈角落，並且不定期整理生活中的物品。

另一個建議是，我們只需要在生活中逐漸學會這個道理就行了。雖然面對各種人時，會需要佛教的八萬四千條教誨，但如果只是一個人用的話，就不需要那麼多。

以我來說，我只需要這本書最主要的三條脈絡——**自我肯定、關注事物、享受變化的心**——也就足夠。

仔細算算，你會發現自己真正想要重視的物質和心態，比自己想像中還要少。**如果能從中捨去多餘的東西，我相信你的人生將會更加美好。**

---

1 原文「野暮用」，指研究或工作上的雜務，而非愛好或娛樂這類有意義的事。

085

最危險的是
自信過度地輕率應允

在收到親密友人或友人父母去世的訃聞、到場表達哀悼時，其中一句應該說的話就是「如果有我可以幫忙的地方，請告訴我。」

對喪家來說，即將面對的守靈和葬禮是大事，無法單靠家人自己處理。喪家除了要忙著通知朋友、接待來賓、發表悼詞之外，最近還流行製作追憶相冊等，將這些事情都交給殯葬業者處理未免可惜。因為這些事情儘管瑣碎，卻也重要。

我曾多次向他們表示：「假如有我能夠幫忙的地方，我願意盡力協助，就當是我的一點心意。」並參與幫助，有幫上忙當然是最好。

這就是所謂的「仁」。不只葬禮的場合如此，接受別人的請求也是基於仁。即使不順利，只要盡了最大的努力，道歉說「沒幫上忙真的很不好意思」是可以獲得原諒的。因為寬恕別人與得到寬恕也是仁的表現。

最危險的是自信過度地輕率應允。分明沒有嘗試過的事，就最好別自認為可以做到，而輕率答應說：「交給我吧。」

我都不知道自己因為輕率地應允他人，而度過了多少個失眠的夜晚。結果造成了許多人的困擾，等到工作告一段落之後，也沒有絲毫成就感。

剩下的只有潛藏在過剩的自信後頭、對於自己的無能所產生的自我厭惡感，以及叨擾眾人的愧疚感。

還有一種危險行為是為了提昇自己的價值而輕率應允。這個舉動背後混雜了自我彰顯以及得失心。

在這種情況下，應允的目的不是為了完成任務，而是提升自我形象，因此往往會暴露出自己的狡猾。周圍的人會敏銳察覺到這一點，因此不會願意出手幫助這樣的人。

幸運的是，我從未做過這類型的輕率應允，因此未曾遭受排擠。但我知道有幾位認識的人曾為自我彰顯而輕率應允過，所以事後有幾位夥伴因此離開了他。

在應允別人的要求之前，除非你確定能夠幫助對方、報答對方，是為了仁，而非自信過度或貪婪心作祟。否則，**希望各位勇敢開口說：「請讓我考慮一下。」**

086

用不著非得分出是非黑白

在據稱有八萬四千冊的佛經中，最常被誦讀也最常被抄寫的，就是僅僅不到三百字的《般若心經》。誦讀最慢大約四分鐘，最快只需四十秒左右就能唸完。至於抄寫，新手大約需要九十分鐘，已經習慣的人則可能只需四十分鐘左右。

《心經》的前半段介紹「空」的大原則，亦即萬物皆是一切都是因緣和合所生起，所以不斷變化，沒有固定的形體；中段強調了解「空」性以獲得內心平靜的智慧（般若波羅蜜多）有多重要；最後，則介紹能獲得這種智慧的心咒。

本經前半段否定生與滅、穢與淨、增與減這三組對立的概念，認為它們「不存在固定的形體」。

這表示我們太輕易就以二元論看待各種事物，結果弄得自己迷惘困惑，苦惱不堪。不僅適用於前面所提及的三組，也適用於所有對立的概念。

人世間沒有勝，也沒有負。在比賽的世界，「技術更勝一

籌，最後卻輸了」的情況屢見不鮮。戰爭中，也從不存在真正的贏家。

然而，認為世上存在勝負的人，總在想著要如何贏，而且害怕失敗。贏了就變得傲慢，輸了還可能會憎恨對手。無論是何種反應，都不會給內心帶來平靜。

損與益、對與錯、多與少、善與惡等也是同樣的道理。分界線在哪裡，受到時機、事情的影響，因人而異。即使你現在認為自己吃了虧、是對的、擁有較多、做了善事，但是隨著時代、價值觀、環境變化的影響，結果可能輕易就被反轉。簡直就像在下黑白棋一樣。

舉個身邊的例子，從學生變成社會人士的人、從單身到結婚的人、從結婚到離婚的人、從健康到生病的人、從病痛康復的人，都會像雛鳥展翅一樣，張開雙臂質疑：「什麼是正確？什麼是錯誤？」

《般若心經》中提醒我們不要因此停止思考，並說：「最好是跳脫對與錯這類的對立觀念，並領悟到無需將這些事放在心上。」

二元論是一種非黑即白的簡單思考方式，但千萬別養成習慣，人生才能夠保持輕鬆自在。

087

適合自己的生活
正是幸福的關鍵

我因故接受委託，成立了一個占卜網站，名叫「守本尊說法傳書」。網站的部分內容可免費使用，其他則要收費，費用根據你想請教的內容而定（我不確定當你讀到這本書時，該網站是否仍在營運[2]）。

我經常關注著占卜成癮者。他們依靠某種「外力」來決定生活方式，缺乏自我；總是依賴他人，失去對自己負責的能力。

我希望這些成癮者能夠憑自己的力量，面對現實。而他們經常會造訪占卜網站，所以我認為我也成立一個是最好的辦法。

守本尊是根據出生年分配的佛。子年是千手觀音，丑、寅年是虛空藏菩薩，卯年是文殊菩薩，辰、巳年是普賢菩薩，午年是勢至菩薩，未、申年是大日如來，酉年是不動明王，戌、亥年是阿彌陀如來。儘管是對應十二干支，但佛只有八位，因為祂們分佈在東、西、南、北和東北、東南、西南、西北這八個方位。為什麼這些方位對應這些佛，我怎麼查都沒有答案，但是每個佛

都有各自的願望和教誨，所以我希望能以此為基礎進行「說法傳書」，而不是提供「占卜」。

喜歡占卜網站的人都知道，這些網站的內容幾乎相同。想要了解真實的自我、自己是否正過於勉強、適合的工作環境、人生的轉折點、財富運、苦難是否會消失、何時能遇見命中注定的人、對象的真心話、如何擺脫財務問題、自己的特殊才能、何時能取得成功……等等，完美地命中了正煩惱著的人想要知道答案的問題。

我借用佛教的建議配合守本尊回答這些問題，寫下的字數已經超過十萬。

每個人都想知道自己該如何做才能幸福。可惜這題沒有正確答案，不論是塔羅牌、星座、守本尊，都無法給出解答。

了解自我，認識現實中真實的自己，並找到適合的生活方式，才是通往幸福的關鍵。

冷靜下來，了解真實的自己吧。

---

2 原網址為 http://rakuten.goodfortune.jp/natori/，現已結束服務。

088

說話方式足以改變人際關係

在職場或朋友圈裡，總有些人對他人很刻薄。我常常在想，他們是想挑釁、貶低他人，還是單純想要吸引注意呢？無論他們是對我還是對別人言語刻薄，當下都不會感到愉快，內心自然也就不會平靜。

在我周圍的那些說話刻薄的人，多半就像是俗話說的，「越是弱小的狗越愛狂吠」。他們是心志薄弱的人，為了不被攻擊，所以轉而威脅對方。我很想安撫他們激動的情緒，告訴他們：「沒有必要害怕，這裡沒有人想傷害你。」

假如對方覺得我是在挑釁他，我會表達自己的意願：「我不會站上你想要的戰場。」並且轉換話題，這樣一來對方通常就會失去鬥志。

假如對方挑釁是想要讓自己看來高人一等，我會讓他們看到自己內心的醜惡，對他們說：「要我拿鏡子給你照照嗎？你的眼睛都長在頭上了。」

假如對方挑釁只是想要吸引注意，我會輕描淡寫地回應：「原來如此，我懂你要說的意思。」然後等待時機，一邊眨眼一邊說：「你再繼續說話這麼難聽，到時無論是身或心，都不會有人願意接近你。」

還有一種情況是，對方真的是為了別人好才說話刻薄。

這就是「說話方式」的問題了。

這種時候我會說：**「謝謝你的建議，我會好好考慮。」先接受再說**。對方就會表示感謝，並在下次見面時敞開心胸，到時候我會笑著說：「上次謝謝了，你給了我一個好建議，可惜說話方式有些刻薄，算是美中不足的地方。」

最難處理的情況是遇到心懷不軌、有惡意的人。有些人只是對特定的人有敵意，某種角度來說反而令人擔心。如果是這樣，我會告訴對方：**「你不必對我這麼在意。」**然後盡量保持距離。

這些處理方法都是為了讓自己得以內心平靜地過日子。但是，我認為**這也是讓對方內心平靜的方法**。

089

來自失戀高手的建議

佛教雖然提到慈悲，但對於愛卻沒有太多談論。若有談論，也是否定意義佔了絕大多數。

這是因為愛與恨往往是一體兩面，也與「我的東西」的執著有關。一旦產生執著，就不得不時刻擔心失去。嫉妒等情緒便是其典型的表現。

無論如何，由於愛經常讓人心煩意亂，內心無法平靜，所以佛教認為需要對愛保持警惕。

但，以慈悲的終極形式出現，完全沒有意識到「我」對「對方」「做了多少事」這三個條件，只想著帶給他人幸福的無條件的愛，則以大慈悲的形式被肯定。

佛經原本就是寫給出家人看的內容，所以並不是在要求入世之人「不要去愛」。

然而，佛教徒中也有不少因愛受苦之人。有些人是失戀出家，還有些人是失去所愛，為了專心替逝者念佛，所以出家。

我自己在大學之前也是失戀高手。高中時，還曾經因失戀而剃光頭。就像女性失戀後會改變髮型一樣，我當時剃光頭是為了告別過去的自己。如果能坐上時光機回到當時，我想我會笑著對當時的自己說：「做得很好！要放下心儀對象，至少也要做到這種程度。」接著會摸摸自己的光頭後拍拍肩膀。

　　我認為喜歡上一個人、愛上一個人是美好的事。即使愛與恨相對立，即使因為不捨放手而感到撕心裂肺的痛苦，只要沒被打倒，愛人的經歷就能夠豐富我們的人性。

　　說起來，釋迦牟尼出家之前也是結過婚、有過一個兒子。他在二十九歲時，為了擺脫人間的苦（無法順自己的意）而出家，放棄王子、丈夫、父親的身份，也表明了無法回應父母、妻兒的愛。我想他當時一定很痛苦難受。

　　愛也蘊含了如此殘酷的一面。因為愛，所以不想恨、不想痛苦、不想受折磨，正如「君子應遠離危險」[3]的格言所云，我們不需要四處逃避。**我們應該堅定地準備好承受分離、背叛、佔有欲等痛苦，並孕育更多的愛。**

---

3 從《春秋公羊傳》中襄公二十九年所提及的「君子不近刑人」衍生出來的俗語。

6

有些事
不必在意

第 6 章

珍惜「此刻」「在這裡」的人生

090

現在的選擇，關係到將來的人生

我們每天都會面臨或大或小的二選一問題。

小事可能是要穿這件衣服還是那件？看天空似乎要下雨，要不要帶傘？道謝或道歉的話是今天說嗎？還是等待更適合的時機？午餐要選A套餐還是B套餐？

大事包括要和這個人結婚還是分手？是應該離婚還是要忍耐？是辭職還是繼續工作？要接受延命治療還是拒絕？腦死時是否願意器官移植？

這些問題很多時候都很難二選一，也沒有正確答案。有時，或許兩個選項都不選也是一種方法；但無論如何，在那當下我們都必須做出抉擇，而當我們選擇了其中一方時，必須覺悟到這就是自己選的路，並且忘了沒有選擇的那一方。

我不會把心思放在已捨棄的事物上，因為留戀沒有意義。

如果你是在餐廳點完餐後，看到鄰桌的料理又會後悔「早知道選那個」的人，那就要特別注意了。

事到如今才後悔當初沒點那道菜，已經沒有意義，對即將上桌的料理也很失禮。如果你很在意，下次來就點那個吧，不要對原來的選擇感到後悔，而是把機會活用於下一次的抉擇中。

　　面對很難二選一的問題時，我通常會選擇只有現在才能選的選項。在有限的時間和地點等狀況下，想想比較不能錯過時機的是哪一個。

　　當然，沒必要的話，我不會買「限量版」或「限時優惠」的東西。這裡談的是只買需要的東西時必須二選一的情況。

　　猶豫時還有一種方法，就是選擇對自己靈魂有正面影響的選項。這不僅僅是應急，而是選擇相信有價值的選項。挑選物品時，同樣商品我也會選擇更便宜的，但並不單單看價格決定。

　　對於很難二選一的問題，我們只能將選擇的選項視為正確答案，然後繼續往前。把沒有選擇的選項繼續放在心裡，對選擇的選項不僅不敬，也會讓我們困在沒有選擇的過去中。

　　就用我們這個當下選定的事物，來開啟未來的道路吧。

091

「沒意義的一天」不存在

我常被問到的問題之一是：「和尚每天在做些什麼？」既沒有在製造商品販售，也不像大型寺院那樣，每天都有必須處理的行政事務或會計工作，所以一般人感到好奇也很自然。

順帶一提，寫下這一篇的今天，是一個沒有特別事情要忙的日子。但家裡另外四人有各自的事情要外出去忙，所以我只得待在寺裡。期間，我接了十通電話。有三個人來到門前買香，有一組客人來商量法事。於此同時，我用電子郵件進行了宗派發行雜誌的企劃會議、寫了碑文、把曬乾的衣服收進來，然後寫了這篇稿子。

除了寫稿之外，這一天幾乎沒有任何產能。

因為每天都過著這樣的日子，所以我會回答：「我的生活每天都是星期天。」

在這樣的生活中，我替自己規劃了一個任務——把每天的感受發表在官網的部落格上。大家可能會因此認為我是自我意識過

剩的和尚。但是我經常在許多場合告訴人們：「不可以讓自己度過沒有任何感想的一天。」所以我就當自己是在拋磚引玉：「這是我今天的感想。你們呢？」

只要保持敏感，**即使是毫無產能的一天也可以感受到快樂。**如果意識到這一點，那麼這一天就不是浪費，而是有意義的。

此外，我也試圖把從起床到見到當天第一個人為止，這段期間發生的事情與感想告訴當天第一個見到的人。

例如：「早上打開窗戶，房間裡悶熱的空氣散了出去，大約一個小時過後，這次輪到外面的新鮮空氣灌進來了。希望我的心也能如此。」

順帶一提，我今天寫的部落格內容是這樣的：「妻子出門了，所以我負責收衣服。我把在夏天陽光下晾乾的衣服從晾衣架拆下，卻發現有六個曬衣夾只剩半邊。大概是陽光直射加速了老化。缺了半邊的曬衣夾很難用。所以早上妻子在掛衣服時應該很辛苦吧。我連忙換掉壞掉的六個曬衣夾。妻子一定不會發現。哈哈哈哈……現在不是笑的時候，我一不小心就把大量家務丟給了妻子處理。換句話說，換曬衣夾算是我對妻子的報答。這是發生在夏天傍晚的事。」

你也一起來寫記入感想的日記吧。

092

憂心忡忡也無法改變結果

最能代表江戶男兒的一句話就是「江戶男兒就像五月的鯉魚旗，有口無心」，意思是他們嘴上雖然刻薄，但沒有心機城府，也不會記恨。

我擔任住持的寺院位於東京東郊的江戶川區，雖然不在江戶時代被稱為江戶的地區，但直到昭和末期，老人們仍然會嘲笑那些憂心忡忡或糾纏不休的人說：「再這樣下去，你的腸子會爛掉。」這句話也成了我每年都會用上好幾次的臺詞。

還有一句表示江戶男兒豪爽風範的說法是「錢不留過夜」。因為江戶的木造房子密集，一旦發生火災，火勢很快就會蔓延到整條街。在那個沒有保險箱的時代，人們的想法是，與其讓這筆錢在明天燒成灰燼，不如趁今天盡情花光。

無論是有口無心的人，還是決定錢不留過夜的人，共同點都在於他們的爽快和果斷。

果斷的人，是不管自己意願如何，在面對時刻變化的周圍環

境（諸行無常）時，都能夠當下做到能做的事情的人。

南宋時代的胡寅在《讀史館見》中寫下「盡人事聽天命」也是同樣的道理。

當你已經做了自己能做的事情後，結果就交由天意決定，這件事到此告一段落，讓自己專注於接下來想做的、該做的事，這種想法十分重要。

為此，我們必須先做好自己該做的事。只等待天意卻不去做該做的事，就好似那些把人生交給占卜的人一樣。

我們應該知道「好運不是躺著等就會來」，要先「盡人事」。劃分清楚自己能做的就到這邊為止，更多的就沒能力處理了，這樣就好。

因為再來的事你無力做到，所以也沒辦法嘛。

當做完該做的事情後，你會感到輕鬆自在，這種成就感會確保你的人生朝著更美好的方向發展。

無論你是否憂心忡忡，結果都不會改變。明天會吹明天的風。讓我們與明天吹起的風一起堅定邁步前行吧。

093

你發光發熱的機會
總有一天到來

　　成就一項事業，因此名聲遠播，稱為「功成名就」；類似的形容還有「虎死留皮，人死留名」。這兩句話也經常出現在日本的古裝劇裡。

　　從戰國時代到江戶時代，武士們為了應付隨時可能發生的戰鬥，修練武藝從不懈怠。雖然有可能最終沒機會發揮所學，但他們從不忽視自我鍛鍊，為了能在需要時派上用場，做好了萬全的準備。換句話說，他們以高度的自我評價為基礎，過著有意義的人生。

　　然而，我們往往不只依賴自我評價，還仰賴他人給我們的評價來肯定自己。

　　這種觀念恐怕是從嬰兒時期逐漸培養而來。當沒有牙齒的嬰兒一微笑，大人們就會連聲稱讚。能夠像俗諺說的「爬而立，立而行，父母心」這般長大，對孩子來說也是一種喜悅。

進入學校後，念書、運動、嗜好、朋友數量……等等都成為評分的標準，由大人們從旁密切關注。我們成為了能夠從讚美和助人中，感覺到人生意義的人。

電視和報紙經常報導社會上極小部分的「功成名就」的人，將這些死了也會名留青史的人們製作成專題報導。

然而，電視節目和專題報導可以由企劃內容來決定要聚焦於哪些人。例如每天做便當的人、每年清明不缺席掃墓的人、每天微笑道早安的人等。如果我是電視臺的導播，我會找一群平凡又出色的人製作專題報導。

懂得用電腦的人在老年會上很受歡迎；擅長插花的人在私人派對上能得到讚賞。

在當今社會中，我們經常參與各式各樣的場合，所以無論是嗜好還是其他方面，只要努力做到最好，就會有不少「原來你會這個，正好幫了我大忙！」如此被人需要和讚美的機會。

最重要的是要持之以恆地鍛鍊，高度認同自己，認為「即使沒機會出場，我這樣也很好」。這就像佛教修行一樣。

094

去找出「好東西」、「喜歡的東西」

有些人為工作而忙碌，緊繃到幾乎快生病，經常發牢騷和抱怨職場的事，仍然做到屆齡退休。

在企業的健康管理部門中照顧這類男性員工的護理師，在他們終於榮退時感到欣慰，因為他們可以開始做自己喜歡的事了。

但到了第二天，護理師又碰到這些人。「發生什麼事？忘了帶東西嗎？」得到的回答卻是他們同意降薪回來工作。護理師感嘆地對我說：「這種情況很奇怪吧？」

這群分明已經退休，卻再度回鍋工作的人會說「為了生活還是得工作」、「反正待在家裡也沒事做」。如果是人生意義就是工作的人，那還好說；但看到有人只是為了薪水，我會希望他們找到工作之外的其他人生意義。

這並不僅僅適用於已經退休的人。

可是很多人在不知道自己想要什麼、能做什麼的情況下就放棄了，將全部精力用於工作，假日只用來休息。

「好東西」、「喜歡的東西」通常不會主動出現，需要我們積極去尋找。張開好奇心的天線很重要。這樣一來，有趣的事物會受到天線吸引，自動找上門來。

　　儘管我現在講得頭頭是道，但其實我也沒有什麼值得一提的嗜好。當有人問我「大師有什麼嗜好」時，我就會回答：「畫地藏菩薩的畫，閱讀可用於法話的書，再來就是寫書吧。」聽完，人們的反應往往都是：「不對吧，那哪是嗜好？」

　　如果這些都不算是嗜好，我就沒有一樣可稱得上是嗜好的東西了。雖看似是無趣的人生，我仍然過得很開心。於是我意識到**「我是把活著本身當成了一種嗜好」**。與人們常說的「工作就是人生的意義」有些相似，但因為我沒有把禮拜、講法話、寫書看作是工作，所以覺得自己很幸福。

　　如果工作是為了錢，卻又被這工作擺佈，生命到盡頭時，你可能會嘆息說：「唉，我這一生好無趣啊。」

　　從現在起，讓我們張開搜尋「好東西」和「喜歡的東西」的天線，從主動靠近的事物開始試試吧。

095

成為成熟的變色龍吧

偶爾會見到有些人因為害怕被討厭，所以刻意做出討人歡喜的行為。在幼少期這樣做還無可厚非，畢竟如果被成人（父母）討厭，小孩子就無法生存。

只要有辦法讓別人喜歡自己，就可以安心活下去。但有些人即使長大後，仍然無法改掉這個習慣，任何事情都會迎合別人。

我曾聽說過，出現在電視或廣播節目中，那些腦子動很快的名嘴，有些一見到導播就會問：「我今天該贊同還是反對？」對於藝人來說，這似乎是必備技能。

可是在場的主持人卻會生氣地說：「這節目不需要你，你請回。」對於這種沒有原則和立場的文化人感到憤慨又傻眼。

這類人不僅存在於媒體界，也存在於我們周圍。那種不顧一切迎合他人以求自保的人，就像變色龍一樣。如果總是迎合旁人，就無法展現出自己的真正色彩。他們會逐漸想不起「欸？我原本是什麼顏色來著？」因迷失自我而困惑不已。

剛出家當和尚的人，通常會被派去大型法會處理各種雜務。即使是雜務，也必須認真完成被指派的工作。他們不僅要了解法會的流程，還要知道為什麼有這樣的程序，否則法會就會變得一團糟。

必須清楚什麼時候該點燃蠟燭、什麼時候要將佛具運送給誰等。在法會中負責這些雜務的僧侶被稱為「承仕」。

承仕必須根據法會的流程，像變色龍一樣靈活行動，同時又被要求低調。這個角色得在不引人注目的情況下，配合周圍情況完成自己該做的事情。

當眾人朝著一個目標努力時，若你自己也希望達成這個目標，就必須與人協調合作。

當變色龍也可以，他們是有著堅強意志、懂得自己該做什麼的變色龍。

但是如果為了不想被討厭，或是為了被喜歡而迎合四周，就表示你尚未成長、脫離幼少期。如果你身邊有這樣的人，不妨對他們說：「成為成熟的變色龍吧。」

096

跟隨潮流不是壞事，
但別受流行左右

我的生活多半都待在寺裡，即使出門採購也只買計畫好的東西就回家，也因此對坊間的流行遲鈍到不可思議。

當我看到兒子、女兒穿著奇裝異服，或戴著奇特的飾品時，會錯愕地說：「你這身不入流的打扮是怎麼回事？」接著他們就會傻眼地回：「你連現在的流行都不知道嗎？」我聽了不甘心，就會回道：「就算你告訴我那是現在的流行，我也沒有義務知道！」結束這場各說各話的對話。

和尚原本就是希望遠離世俗的價值觀和糾纏而生活著的，因此我也不想跟著流行隨波逐流，這樣很煩人。

僧侶將頭髮剪短的原因之一也是如此。這樣做可以省下為髮型而花費的時間，內心也能找到平靜。

有一次，一所公立小學邀請我去演講。由於我對流行一無所知，於是拿出了十多年前買的雙排扣西裝外套和高腰西褲。家人告訴我：「你現在穿這樣會被笑。」

那麼，我穿幾百年來沒變過的和尚袈裟去就行了吧？答案是不行。因為來聽演講的人信仰各種不同的宗教、也有些人對宗教過敏，所以穿和尚袈裟去，恐怕會無端刺激對方敏感的神經。

最後，我聽從了代表（？）民間意見的家人建議。有一陣子滑板車正流行，我費了好大力氣才買到了一臺，但當我想踩著滑板車去隔壁寺院時，也曾被家人說：「你是不是傻啊？」於是只好作罷。

作家五木寬之[1]曾說過：「對流行敏感的人，能感受到吹在時代最前面的風。」自從聽到這句話後，我開始覺得感受這道風也不是件壞事。

如果是躲在深山修行寺裡修行的人也就算了，我的寺院是位在城市裡，因此會接觸到活在塵世中的人。

接收時代的潮流展現自我，並不是壞事，可能會為心靈帶來新鮮空氣。但是，跟隨潮流也可能意味著會變成多數人討厭的「跟其他人一樣」。

我們別受流行左右，把重點擺在展現自我，有技巧地接受時代的涼風，面帶笑容向前邁進吧。

---

1 五木寬之（一九三二～），日本小説家、隨筆家、作詞家。曾出版《青春之門》等暢銷書，以及《大河的一滴》等多部以佛教（尤其是淨土思想）為主題的作品。

097

夫妻相處圓滿的祕訣是「共同體驗」

我在自己擔任住職的寺院，舉辦過兩場婚禮。或許你會疑惑：「在寺院舉辦婚禮嗎？」不過我們確實可以舉行優雅莊嚴的佛前婚禮。

在婚禮中有個環節，是由和尚來講述夫婦相處之道。

順帶一提，從以前開始就作為例子而被講述的是「生死之海，有天地；有天地，有其禮。此即陰陽。陰陽者，男女也。男女有，有其愛。此名為人情。譬如諸男，皆有其室；譬如諸女，各有其夫……云云」。

這段開場白是在解釋成為夫婦是萬物的基本，但新郎、新娘和與會來賓可能會聽得一頭霧水，因此我會以僧侶身份將自己的想法傳達給他們（詳細情況我已經忘了，請見諒）。

夫妻是彼此獨立的個體。由於出生和成長背景不同，兩人要想好好生活在一起，就必須學會如何磨合，盼的是臨終時能夠說出一句「與你結婚真幸福」，這需要雙方不斷地磨合妥協。

具體來說，就是要關心問候對方「沒事吧？」、尊重彼此的優點「你這種地方真好」，並表達感激之情「謝謝你」，是一條緩緩孕育感謝之心的長路。啊！還有一點，內人常常提醒我要懂得道歉說「對不起」。

　　我在二十五歲時結婚，但過了五十歲之後，才意識到另一個非常重要的事，就是回憶。我們經常會懷念和某人一起做某事的時光，與父母兄弟的回憶、與朋友的回憶、與伴侶之間的回憶……這些回憶有時會讓人心酸，但我發現，**同一時間、同一地點的共同經歷，會讓我們的關係更加緊密。**

　　因此，**為了維持良好的夫妻關係，共同體驗非常重要。**關鍵是「兩人一起」。

　　去同一個場所、看同樣的物品、聽同樣的聲音、吃同樣的食物，增加共享這種體驗的機會。要一起做很多在往後的日子能夠一起聊「我們那時做了這件事呢」的美好時光。

　　在眾多的人際關係中，我認為夫妻是能夠共享最多美好事物的美妙關係。

098

儘早開始尋找「變老」的好處

在寺裡有很多機會接觸老年人，因此一年之中，我大概會聽到三十次這樣的話：「大師，我最近老化得很嚴重，皺紋增加了，而且全身都在痛。老了真討厭啊。」假如真心回答：「是啊，真討厭。」我的內心就無法平靜了。不管怎麼想，明天的我必然會比今天老一點，這麼一來，每天都得為此過得不愉快。

因此，我隨口請教那些說著變老很討厭的人：「請別讓我也跟著心情變差。我明天也一定會比今天更老一天呀。所以我想請教作為人生前輩的您，變老真的一點好處都沒有嗎？」

直到今天，我已五十六歲了，仍然沒發覺變老有任何壞處。即使已經扛不動重物、牙齒也開始脫落，但這是身體在告訴我「不需要扛太重的東西喔。只需要扛扛得動的東西就行了」、「我已咀嚼過許多不同的食物。以前是用牙齒咬，現在要用舌頭仔細品嚼了」。

另外，變老還意味著心變得更寬容；因為自己經歷過多次失

敗，所以也能夠原諒別人的失敗。再說，變老本身就是很自然的事情。

回歸正題，當我問那些老人變老的優點後，他們沉默了片刻，沒有馬上回答。顯然，對方從來沒有想過老的好處。

其中一個被給出的答案是「有更多只屬於自己的時間」。不過，接下來他們會笑著說：「就算時間很多，身體也不聽使喚。」換句話說，變老還是令人討厭。

因此，很多人努力運動、吃保健食品、化妝保持年輕。從某種角度來說，努力保持年輕也是變老的一個優點。努力做些和以往不同的事情是件好事。

在你說討厭變老之前，不妨趁現在就去找找變老的好處。

因為你身邊有許多抱怨著「不想變老」的負面教材，他們將成為你追尋好處的幫手。

無論結果如何，
該做的還是要做！

從出生到上學前，我們經常會聽到父母或長輩稱讚「你好棒，很會打招呼」或責備「不可以這樣」。

進入學校後，老師會在聯絡簿或通知單等上替我們每個學期的表現打分數。出社會後，公司也會根據能力表現決定薪資和工作內容。

這段期間，連內在看不見的性格，也會被標上溫柔、樂觀、悠閒、努力等評價。由此可知，無論我們是否願意，人生的大部分時間都會被周圍的人打分數。

不知不覺中，我們為了得高分而開始奮鬥。雖然為了高評價而努力很辛苦，但我們從中學到了，在社會中不要放棄、努力拿高分才能過得更舒適。

換句話說，「周圍的人」彷彿神明，得到他們的稱讚與寵愛的人，才能夠在神明居住的國度中放心生活。

問題是，這個神明並非全知全能。

順帶一提，我喜歡「全知全能」和「絕對」這類詞彙不偏不倚得反而令人不安的感覺。像「全能的神是否會創造出自己也舉不起的重石？」這種反問，即使不涉及語義或宗教論也很有趣。「能溶解一切的液體」和「世上絕對沒有絕對」也令我愉快。

　　以「周圍的人」為名的神明，會根據個人的「利益」來評分。個人的喜好當然不同，根據地區和時代，評分也會是天差地遠、萬紫千紅、五花八門。

　　「溫柔的人」對其他神明來說可能過於優柔，被嫌棄不夠嚴屬。「樂觀的人」可能被貶低為不能共享悲傷、膚淺的人。「悠閒的人」可能被嘲笑為磨磨蹭蹭、笨拙、不明白事情的急迫性。「努力的人」可能被斥責為心態不夠從容、是能力至上主義者。

　　活得順心很重要，佛教也推崇內心平靜的順心生活方式，可是那條路很模糊不確定，不建議用「周圍的人」這個神的評價去鞏固。

　　情緒不要隨著周圍其他人的評價起伏，要有勇氣去做自己該做的事。

100

佛教是人生的「預防醫學」

　　江戶中後期代表性文人之一的狂歌師大田南畝（又名蜀山人）七十五歲那一年在街上跌倒，因而被迫臥床。

　　這天，他見醫生搖頭，便問道：「怎麼樣了？」醫生面露難色地說：「情況恐怕不太妙。」聞言，蜀山人很驚訝，留下了一首狂歌作為遺書：「之前都覺得事不關己，如今我卻要死了，無法接受。」

　　我們使用不同的人稱（第一人稱「我」、第二人稱「親近的人」、第三人稱「他人」）分辨人際關係的親疏遠近。外人的死和親人的死是完全不同的感受，更別用說自己的死了。

　　佛教追求不分人稱的絕對平等境界。我們通常將疾病和老化等問題當作與自己無關的事，只有在親近的人遇到時才會稍微思考。而當我們身體健康、年輕時，也自然不會把疾病或老化看在眼裡。

　　佛教有一種像預防醫學一樣的特質，在困擾人的問題出現之

前就解決它們。即在身體健康、年輕的時候，就考慮到可能在未來成為問題的疾病和老化。

現在，讓我來提供一些有關老化的指導方針。

老化包括從出生開始的年齡、身體和精神上的變化。雖然我岳母會說「我從三十歲開始就沒變老唷」，但這即是她擔心著年齡的證據。你只需要說「**今年是我自出生以來第一次滿〇歲**」就可以了。

身體上的老化可以透過努力在一定程度上預防，但是並不像俗語「沒有追得上努力的貧窮」所言，它是無法迴避的，反而沒有護膚品、補品能追得上。無論是皺紋、老花眼還是關節疼痛，只要將其視為努力生活的勳章就可以了。

精神上的老化等同於成熟。**我們能夠體會到年輕時所未曾意識到的人生深意，也是因為年齡的增長。**

看著別人就以第三人稱觀點思考「老化很討厭」；第二人稱觀點則憐憫「變老好可憐」，這樣會無法接受第一人稱的老化。

請向身邊的年長者詢問「變老有什麼好處」，你將得到一些對你有參考價值的答案，無論是好是壞。

101

無論好事壞事，
終有結束的一天

　　佛教認為好事和壞事不會持續。更精確形容的話，不如說沒有絕對的好事，也沒有絕對的壞事。

　　一個現象是由為數眾多的因緣集結而成，並非單獨存在。

　　吃飯這個現象，是包括了食材、烹飪、餐具、廚師、食客，以及食客的饑餓感等，各種因素的集合體。如果缺少其中一項，就無法進行。

　　此外，吃飯這件事本身並不分好壞。對於營養不足或肚子餓的人來說，吃飯是好事；但對於正在節食的人來說，則可能是禍根。從正受饑餓之苦的國家人民的角度來看，日本餐飲業一天製作四餐也並非好事吧。

　　好吃的餐點也不會永遠存在。即使是精心製作的料理，如果肚子已經飽了，就不會有食欲。相反地，有些原本覺得難吃的料理，換一家分店吃，可能會讓你驚呼說：「原來這麼好吃。」

　　工作和戀愛等現象也一樣。它們本身沒有好壞之分。原本覺

得工作順利很好，但是在其他公司員工的眼裡看來，別的公司獲利可能並不是好事。戀愛也一樣。會讓人沉溺戀愛的荷爾蒙，據說分泌時間只有短短幾年。雖然分手了，但是並不會一直陷於痛苦中，也可能會有新的愛情萌芽。

為什麼好事和壞事都不會持久呢？前面也提過，好事和壞事都是因緣的集合體。這種因緣或減少、或增加、或替換，逐漸產生變化。其中一個主要因素是時間流逝這個緣分。

其次是感受好壞的人其心境變化。昨天的想法可能今天就改變。只要加入了經濟或災害等社會環境變化的條件，我們的心理狀態就可能發生驚人的變動，這一點在震災中得到了證實。

無論好事還是壞事，我都告訴自己：「這種狀態不會永遠持續下去。」

特別是壞事降臨時，我會根據狀況思考。「以一週後笑得出來為目標吧」、「以半年後能輕鬆談論這個狀況為目標吧」、「以三年後我會懷念這些事情為目標吧」。

因緣使萬物逐漸變化。

102

大家都是偉大的作品

萬事萬物都可以被視為一件作品。智慧型手機、書、繪畫、建築、地球，以及你的人生也是一件作品。

這些作品的完成需要大量的準備工作。比方功能型手機和智慧型手機，從電話的發明到液晶螢幕、積體電路、通訊技術等，由這些令人暈眩的科學技術奠定基礎，包括外型設計在內的設計圖也經過多次修改，最後具體成形，來到你手上的，就是手機。

你拿在手裡的這本書，起初是從隨手記下點子開始，然後進入初稿階段，經過我三次校對，還有編輯和專業校對之手，完成最終原稿，再印刷出來成為一本書，現在來到你手中。

繪畫也一樣。草稿多次修改後上色，再繼續疊上顏色，完成作品。一旦成為作品，就看不到草稿了。

建築物也是，外觀看不出來的基本結構、地基、柱子等，才是最重要的部分。

地球是宇宙耗費一百三十八億年才完成的作品，地球本身也

花了四十五億五千萬年才有現在的樣子。

還有，你現在的人生，也是歷經過去大量的準備，才完成的一件作品。或許還不完整，但目前來看，你所做過的一切、沒做過的一切，都包含在這件成品中。

而今後要做的、不做的事情，都會反映在「將來的你」這件作品中。

就像這樣，萬事萬物都視為是超大型因緣的集合體，這就是佛教關於「空」的教義。

如同書和繪畫的草稿不會留下，假如我們只看現在，就看不見支撐你的重要部分。

想要看清楚的人可以寫自傳，或許就會看到重要的部分，也能看到重要卻缺失的部分。

溝通上也是，思考他人言行背後的動機，是引導出同理心的重要關鍵。

培養出這種能力，人生會更加豐富愉快。

103

如何與重要的人告別

在這一篇中，我將以日常對話的形式談論重要人物之死。

「人生在世，不得不面對的事情其中之一，就是重要的人死去。甚至，在更遠之後的未來等待著的，居然是自己的死亡。」

「這可不是好話題，別提了。我不想思考這種事。」

「哈哈哈，因為萬物的起源是因緣集合而成，就像死亡也是因為某種與生命誕生相關的因緣而發生一樣。所以死亡不是『不吉利』，根據因緣的大原則，人們終將面對死亡。」

「不過失去重要的人，光是想想就感到難過。」

「是啊，沒錯。我問你，你有去過墓地嗎？」

「有。」

「站在墓前，你都在想些什麼呢？有和逝去的人說話嗎？」

「當然，我會雙手合十說『多謝保佑』、『請安心吧』等，求了不少事。」

「所以你認為人死後不會歸於虛無嗎？」

「不，比起歸於虛無或否，我認為人死後就結束了。」

「結束？就像由那個人主演的電影結束了一樣？」

「差不多是那樣吧。」

「如果結束了，就再也無法直接見到那個人，也無法與對方說話了嗎？」

「我是這麼認為。」

「站在墓前向逝者報告近況或許願，這種行為不正表示你認為逝者還在這裡、你並不認為已經結束了嗎？」

「說得也是，但又無法真的見面、交談。」

「很孤單呢。」

「是啊，很孤單。」

「但是，有一天，你也會去逝者去的地方，所以何不期待下次重逢？**我們在日常生活中也會說：『下次見。』每一次分離都在期待著下次聚首，同樣這麼想如何？**」

104

勿妄想將來

「將來」的意思是即將到來,「未來」則是尚未到來。這兩個詞都隱含著對於即將到來的事物充滿的期待,我認為很有趣。

相對於有預感就快要到來的「將來」,「未來」彷彿在說尚未到來,所以多想無益。順帶一提,這兩個詞的英語都是「future」。

「將來」在字典裡的解釋是「即將到來的時間,一般是指比未來更靠近現在的時間」。仔細想想,我們的確會說「期待他的將來」,卻不會說「期待他的未來」,在無意間配合不同時間差異使用「將來」和「未來」。

誰也不知道往後的人生會有什麼在等著自己。有些人表示這種未知令他們感到不安;也有人覺得這種未知充滿樂趣。

我屬於後者。我期待著自己到時候會如何應對。即使搞砸了,也想對做不到的自己笑著說「可惡,是我想得太簡單了」。

順便介紹,吉田兼好[2]在《徒然草》中提到「世間無常,所以

才不尋常」，這樣期待著無常的人世。

有些人能夠想像不久的將來會發生什麼事，所以充滿幹勁；也有人因為能夠想像，所以反而感到恐懼。這一項我又是屬於後者。如果事情繼續發展下去，我就會緊張不安，想要調整自己目前的軌道。

對將來和未來的想法，有時以夢的形式，有時以妄想的形式折磨人心。

夢和妄想之間的分界線非常模糊。在佛教中，不管是夢或妄想，都是指「無法看清真正樣貌的狀態」，並不強調或重視對將來的夢想這一塊。

佛教只是主張我們應該遵循現實和真相，祈求著總有一天會悟道或往悟道靠近一步，不斷勤奮努力。無視現實的夢幻感受與妄想是被嚴格勸止的。佛教雖然談希望和祈求，卻不談夢。

順帶一提，根據辭典的解釋，「妄想」是指「以毫無根據的錯誤判斷奠定基礎的主觀信念。即使內容荒謬，光靠經驗和其他人的說服也很難輕易修正」。這解釋讓我忍不住笑了出來。哪怕其他人講得再多：「從你過去一路走來的經驗來看也知道不可能。」他們也聽不進去。你身邊也有這種人吧。

對將來抱持期待是好事，但妄想並不可取。

---

2 吉田兼好（一二八三〜一三五八年），日本南北朝時代的官人、歌人、法師，也稱兼好法師。有著作《徒然草》存世，該書由雜感、評論、小故事等組成。

105

經典告訴我們的「失敗學」

有一則傳說故事叫「刻舟求劍」。

故事講述一名楚國人搭船渡河,當船來到河中央時,男子的劍不慎從船邊掉入水中。

慌亂的男子連忙在船邊劃一道記號。看到記號,船夫驚訝地問:「客人,您在做什麼呢?」男子解釋說:「抱歉破壞了你的船,但我在這裡掉了劍,所以做一個標記,方便尋找。」當船隻靠岸時,男人便從劃記處下水去搜尋劍了。

《呂氏春秋》中出現的這則故事,還有一個後續補充。

「船隻已經遠離劍掉落的地方,劍仍在原地不動,但男子卻在岸邊找劍,可見他的腦子多麼僵化。」

「腦子僵化」是我的翻譯,原文是寫「惑」。在漢和辭典中,「惑」是指「心被狹窄的框架圍住,無法做出自由的判斷。受制狹隘框架的見解」。

這個寓言故事的一般解釋,主要是在告誡人們「注意時代趨

勢的變化，留心墨守成規的愚昧」。

然而，我想也可以有一個稍微不同的解釋。

男子在掉劍的位置留下記號，並執著於標示之處。船隻已經移動靠岸，所以劍已經不在記號的地方了。

男子應該做的，是在掉劍時觀察周圍的陸地景物：「那棵樹和樹椿的延長線，距離這邊的河岸多少公尺？」只要得出答案，他就能找到劍吧。

與男子掉劍相同，我們以前也出過差錯。

男子在船上留下記號，就像過去痛苦的回憶也如此這般刻在我心上。

船隻會前進，時間也在往前走，周圍的狀況也在變化。

因此，**我們需要記住自己在什麼情況下失敗，將失敗經驗用在下次。**

那些以為自己的成功劍和幸福劍已經掉進人生這條河裡的人，最好參考一下「刻舟求劍」的故事。

106

「不在意」，但不能「不關心」

　　時代的流行語，註定會隨著時間流逝，而逐漸被人遺忘。但就像「靈媒風潮」一樣，一旦有了相似的時代背景，也可能會再度復活。

　　一九七〇年左右的流行語是「三不主義」，指的是一九五五年左右出生的年輕人。三不分別是表示「不作為、不關心、不負責」。這個流行語雖然在當時引起了一些討論，但很快就被知識分子們一口否定說：「這種東西不能稱為主義！」

　　我當時覺得「原來如此，我也是這樣」，但除此之外就沒有更深入的探究，只是認為「我又沒有特別在意」，非常模範的三不思考。這種狀態，一直持續到了三十歲時。

　　時代背景的相似程度，我決定交給社會學家進行分析；在已不能指望經濟成長的現在，「不作為、不關心、不負責」的三不人也再次變得愈來愈多，到處都能聽到這樣的對話：

　　「你不積極一點嗎？」「我太累了。」「不要什麼都想關

注。」「關注了會有什麼好處？」「稍微有點責任感如何？」「為什麼只有我要負責任、有責任感啊？」

如果不設定目標，就可能變得不作為。如果封閉自己，就能保持不關心。如果擅長推諉歸咎他人，就會變得不負責。

問題是，這樣一來我們就不知道自己為什麼要活著了。只要改變一個觀點，我們的四周就會充滿美好的事物。

舉例來說，「三不」就像分明為你準備好豐富的食材，你卻不在乎那些美食，最後吃到的只是一道平淡乏味的餐點。這樣子實在很可惜。

我很幸運，身旁有一些人對各種事情都很感興趣，充滿朝氣。聽他們說話總是新鮮愉悅。

受到影響，我也努力使自己對更多的事情產生興趣。

儘管我現在偶爾仍會對某些事不作為，也會被別人指責不負責，但只要願意關注，心就能活化，進而覺得活著很快樂。

你不關心寒暑與你不在意寒暑，兩者的意思不一樣，這就是「不關心」和「不在意」的差別。

阻絕外面的世界，就是不關心；沒有阻絕而是無視，就是不在意。

因此我們可以不在意，可千萬不能不關心。

參考資料

《「上から目線」の扱い方》，榎本博明著，ASCOM出版。

《「オバサン」はなぜ嫌われるか》，田中光著，集英社出版。[1]

《金言、名句、人生画訓3》，野間清治著，大日本雄辯會講談社出版。

《中国古典の名言・名句三百選》，守屋洋著，PRESIDENT Inc. 出版。

《武士道の逆襲》，菅野覚明著，講談社出版。

《仏様の履歴書》，市川智康著，水書坊出版。

《唯識とは何か》，横山紘一著，春秋社出版。

以及網路上的各種網頁。

---

1 繁中版為：《年齡騷擾：「阿姨」、「大嬸」、「歐巴桑」為什麼被討厭？》，李彥樺譯，
　臺灣商務出版（二〇一九）。

有 些 事 不 必 在 意

不安、憤怒、煩惱都能放下，讓心平靜的106個練習

作　　者｜名取芳彥 Hogen Natori
譯　　者｜黃薇嬪 Weipyn Huang

責任編輯｜杜芳琪 Sana Tu
責任行銷｜鄧雅云 Elsa Deng
封面裝幀｜木木 Lin
版面構成｜黃靖芳 Jing Huang
校　　對｜許世璇 Kylie Hsu

發 行 人｜林隆奮 Frank Lin
社　　長｜蘇國林 Green Su

總 編 輯｜葉怡慧 Carol Yeh
日文主編｜許世璇 Kylie Hsu
行銷經理｜朱韻淑 Vina Ju
業務處長｜吳宗庭 Tim Wu
業務專員｜鍾依娟 Irina Chung、李沛容 Roxy Lee
業務秘書｜陳曉琪 Angel Chen、莊皓雯 Gia Chuang

發行公司｜悅知文化　精誠資訊股份有限公司
地　　址｜105台北市松山區復興北路99號12樓
專　　線｜(02) 2719-8811
傳　　真｜(02) 2719-7980
網　　址｜http://www.delightpress.com.tw
客服信箱｜cs@delightpress.com.tw
I S B N｜978-626-7406-83-0
初版一刷｜2024年06月
初版二刷｜2024年08月
建議售價｜新台幣360元

本書若有缺頁、破損或裝訂錯誤，請寄回更換
Printed in Taiwan

國家圖書館出版品預行編目資料

有些事不必在意：不安、憤怒、煩惱都能放下，讓心平靜的
106個練習 / 名取芳彥著；黃薇嬪譯.-- 初版.-- 臺北市：悅
知文化精誠資訊股份有限公司, 2024.06
　面；　公分
ISBN 978-626-7406-83-0 (平裝)

1.CST: 自我實現 2.CST: 佛教說法

177.2　　　　　　　　　　　　　　　　　　113007957

建議分類｜心理勵志

KINISHINAI RENSHU by Hogen Natori
Copyright © Hogen Natori, 2014
All rights reserved.
Original Japanese edition published by Mikasa-Shobo
Publishers Co., Ltd.
This Complex Chinese language edition is published by
arrangement with
Mikasa-Shobo Publishers Co., Ltd., Tokyo in care of Tuttle-
Mori Agency, Inc., Tokyo,
through Future View Technology Ltd., Taipei.

悦知文化
Delight Press

線上讀者問卷 TAKE OUR ONLINE READER SURVEY

為了鍛鍊心智，要賦予萬物什麼樣的意義，全操之在己。

—————《有些事不必在意》

請拿出手機掃描以下QRcode或輸入
以下網址，即可連結讀者問卷。
關於這本書的任何閱讀心得或建議，
歡迎與我們分享 ☺

https://bit.ly/3ioQ55B